Análisis de

Don Quijote

Miguel de Cervantes

Tomo 1

Por Alfonso Flórez G.

centro literario

Terranova
EDITORES

Editor
Panamericana Editorial Ltda.

Autor
Alfonso Flórez Góngora

Diagramación
Nayibe Jiménez L.

Diseño de carátula
Julián De Narváez Barrera

Primera edición en Editorial Voluntad S. A., 1991
Primera edición en Panamericana Editorial Ltda., bajo el sello editorial de Terranova Editores®, octubre de 2003

Calle 12 No. 34-20, Tels.: 3603077 - 2770100
Fax: (57 1) 2373805
Correo electrónico: panaedit@panamericanaeditorial.com
www.panamericanaeditorial.com
Bogotá, D. C., Colombia

ISBN: 958-30-1197-5

Impreso por Panamericana Formas e Impresos S. A.
Calle 65 No. 95-28, Tels.: 4302110 - 4300355, Fax: (57 1) 2763008
Quien sólo actúa como impresor.

Impreso en Colombia Printed in Colombia

TABLA DE CONTENIDO

EPÍGRAFE

"(...) se enfrascó tanto en su lectura, que se le pasaban las noches leyendo de claro en claro, y los días de turbio en turbio; y así, del poco dormir y del mucho leer se le secó el cerebro, de manera que vino a perder el juicio. Llenósele la fantasía de todo aquello que leía en los libros, así de encantamientos como de pendencias, batallas, desafíos, heridas, requiebros, amores, tormentas y disparates imposibles; y asentósele de tal modo en la imaginación que era verdad toda aquella máquina de aquellas soñadas invenciones que leía que para él no había otra historia más cierta en el mundo (...)".

"En efecto, rematado ya su juicio, vino a dar en el más extraño pensamiento que jamás dio loco en el mundo, y fue que le pareció convenible y necesario, así para el aumento de su honra como para el servicio de su república, hacerse caballero andante, e irse por el mundo con sus armas y caballo a buscar las aventuras y a ejercitarse en todo aquello que él había leído que los caballeros andantes se ejercitaban, deshaciendo todo género de agravio, y poniéndose en ocasiones y peligros donde, acabándolos, cobrase eterno nombre y fama".

Don Quijote, primera parte, capítulo I.

BIOGRAFÍA DEL AUTOR

Miguel de Cervantes Saavedra fue hijo del cirujano Rodrigo de Cervantes y de Leonor de Cortinas, quienes lo bautizaron el 9 de octubre de 1547 en la parroquia de Santa María Mayor de Alcalá de Henares. Es probable que hubiese nacido el 29 de septiembre, fiesta de San Miguel, ya que en el bautismo siempre ha sido frecuente poner el nombre en honor del santo del día del nacimiento. Era el cuarto de los hijos de Rodrigo de Cervantes, pues mayores que él eran sus hermanos Andrés, Andrea y Luisa. Siguieron a Miguel otros dos hermanos, Rodrigo y Magdalena.

A los cuatro años de edad, en 1551, toda su familia se traslada a Valladolid, donde esperan a los Cervantes desgracias y tristezas. Rodrigo de Cervantes contrae deudas que no puede pagar, es víctima de usureros, sus bienes son embargados y acaba encarcelado durante varios meses, a pesar de su hidalguía, que al final es respetada. Más tarde la familia reside en Córdoba y Sevilla, y en 1566 en Madrid.

Establecida la familia en esta ciudad, por azares de la pobreza en que transcurre la infancia del novelista, y que seguirán durante toda su vida, estudia con el maestro de Humanidades Juan López de Hoyos. Éste, en 1569, publica un libro sobre la enfermedad, muerte y exequias de Doña Isabel de Valois, tercera esposa del rey Felipe II, en el cual se incluyen tres poesías de circunstancias de "Miguel de Cervantes, nuestro claro y amado discípulo". Pero en realidad, son muy pocos los datos que se poseen sobre la educación de Cervantes. Se puede suponer, basados en un pasaje muy significativo del *Coloquio de los perros*, que de niño asistió a un colegio de la Compañía de Jesús, siendo muy difícil determinar el sitio.

Por razones jurídicas aún no comprobadas, Cervantes viaja a Roma huyendo de las autoridades matritenses. En efecto, consta documentalmente en 1569, que Cervantes va a Roma, desde donde solicita a Madrid le sea comprobada la "limpieza de sangre" (estado de hidalguía), que desde luego se le envía. Ello demuestra que Cervantes tenía un especial empeño en acreditar su hidalguía entre la corte italiana, seguramente con el fin de buscar algún puesto.

En Roma, el escritor recibe probablemente el apoyo y la protección de su pariente, monseñor Gaspar de Cervantes y Gaete, quien lo presenta a monseñor Giulio Acquaviva, al que Miguel de Cervantes sirve como camarero por muy breve tiempo. Pero poco antes, a finales de 1569, Miguel de Cervantes quiere dedicar su vida a la milicia y al año siguiente se hace soldado en la compañía de Diego de Urbina, del tercio de Miguel de Moncada.

El 7 de octubre de 1571, fecha exitosa para el ejército cristiano en Lepanto, se encuentra Cervantes peleando a bordo de "La Marquesa", cuyo honor será el recuerdo más grato en toda la vida del escritor. Testigos presenciales hacen constar la valentía de Miguel de Cervantes, pues se "encontraba malo y con calentura; y...su capitán y... otros muchos amigos le dijeron que pues estaba enfermo que se estuviese quedo... abajo, en la cámara de la galera, y el dicho Miguel de Cervantes respondió que qué dirían dél... e que más quería morir peleando por Dios y por su rey, que no meterse so cubierta". En esta batalla es herido y pierde el brazo izquierdo.

En abril de 1572 se incorpora a la compañía de don Manuel Ponce de León, del tercio de don Lope de Figueroa -inmortalizada por Calderón de la Barca en *El Alcalde de Zalamea*-, toma parte en las expediciones navales de Navarino, en el Peloponeso, la Goleta de Túnez (1573) y en otras refriegas militares. Luego el grupo hace guarnición en Cerdeña, Lombardía, Nápoles y Sicilia. Cuando regresa a España, el 26 de septiembre 1575, frente a la costa catalana, les sale al encuentro una flotilla turca y tras un breve combate son hechos prisioneros Miguel y Rodrigo Cervantes, que por ese tiempo se encontraba en la compañía de su hermano mayor.

El ánimo emprendedor y atrevido de Miguel de Cervantes le impulsa a planear la manera de evadirse junto con otros cautivos. Tres intentos de fuga son realizados sin obtener la tan ansiada libertad, y ocasionan la estrecha vigilancia sobre Cervantes.

El costo del rescate exigidos por los turcos, impide a la familia Cervantes recolectar el dinero para rescatar a los dos hermanos: sólo alcanza para pagar el secuestro de uno. Miguel de Cervantes, entonces, cede el lugar a su hermano y éste es liberado. Mientras tanto, Miguel planea el cuarto y último intento de fuga en mayo de 1580: en Argel envía una suma en metálico a un mercader valenciano, con la que compra una gran fragata capaz de llevar en ella a setenta cautivos. Cuando todo está listo para la fuga, el ex-dominico Juan Blanco de Paz, uno de los cautivos que quiere huir, delata todo el plan. Cervantes vuelve a asumir toda la responsabilidad, su pena es ampliada y ahora es más vigilado: lo sujetan a dos cadenas y un grillo. A Blanco de Paz, en cambio, los turcos pagan la traición con un escudo de oro y una jarra de manteca.

Por entonces llegan a Argel los padres trinitarios fray Juan Gil y fray Antonio de la Bella. Fray Juan Gil sólo dispone de 300 escudos que la familia de Cervantes ha reunido para rescatar a Miguel, pero los turcos exigen 500. El fraile se dedica a recolectar entre los mercaderes cristianos la cantidad que falta para liberar a Cervantes. Finalmente consigue sacarlo de la cárcel el 19 de septiembre de 1580. Hay que imaginar el estado físico y espiritual de Cervantes...

La grave situación económica de la familia, el largo cautiverio y la edad -30 años-, por un lado; el no tener ningún grado universitario y ser un desconocido en el mundo de las letras, por otro, harán que ni la milicia ni las letras le solucionen su futuro económico. En mayo de 1581 se traslada a Portugal donde está la corte de Felipe II, a desempeñar una breve misión en Orán. Un año más tarde decide cambiar su futuro y pide una misión en el nuevo mundo, América, pero se le niega por no haber ninguna vacante. Por esta época empieza a escribir su primera novela pastoril *La Galatea.*

Entre 1582 y 1583 tiene relaciones amorosas con Ana Villafranca de Rojas, mujer de un tal Alonso Rodríguez. Cervantes reconoce la hija que tiene con su amante y la bautizan Isabel Saavedra. El 12 de diciembre de 1584, Miguel de Cervantes contrae matrimonio con la toledana Catalina Salazar y Palacios: ella tiene 19 años y él 37. En 1585 aparece publicada *La Galatea.*

Fija su residencia en Sevilla (1587-90), y desempeña el humilde cargo de comisario real de abastos, al servicio de Antonio Guevara, proveedor de las galeras reales de Felipe II, la llamada Armada Invencible. Ésta se dirige en expedición contra Inglaterra. Si el honor y la gloria lo acompañaron en Lepanto, aquí se llena de una desagradable experiencia, pues los barcos son desbaratados frente a las costas inglesas. Ante la grave crisis en que vive España, Cervantes se anima a hacer una nueva petición para ocupar un cargo en las Indias, pero, a pesar de exponer sus virtudes militares, recibe una rotunda negativa de Felipe II: "Busque por acá en que se le haga merced". Mientras esto le sucede en Sevilla, su mujer continúa viviendo en su nativa Esquivias (Toledo).

En calidad de comisario Cervantes ha tenido que viajar por gran parte de España y visitar las más alejadas aldeas. Se ha puesto en contacto íntimo y directo con el pueblo: con rústicos ignorantes, con ricachones avaros, con curas de aldea y con hidalgos de villorrios. Ha tenido que hacer noche en ventas ruines e incómodas, en las que paran toda suerte de caminantes, desde el noble señor y la dama principal, hasta el tramposo titiritero o el más vil castrador de puercos. Mundo maravilloso, variado y confuso, que aparecerá retratado genialmente en *El Quijote,* hasta en sus matices más sutiles.

Desagradables situaciones le esperan en su cargo de comisario. Con el pretexto de que había vendido trescientas fanegadas de trigo sin autorización, un corregidor de Écija encarcela a Cervantes en Castro del Río (1592). Cervantes apela y es liberado. En 1594 obtiene la comisión de cobrar atrasos de alcabalas y otros impuestos en el reino de Granada, y deposita lo recaudado en una casa del banco de Sevilla. Pero el banquero quiebra y Cervantes, que se ve imposibilitado de hacer efectivas las sumas recogidas, es internado en la cárcel de Sevilla, donde pasa unos tres meses del año 1597. A ella se refiere Cervantes, sin duda, cuando afirma, en el prólogo de la primera edición del *Quijote* (1605), que el libro "se engendró en una cárcel". Allí debió convivir con toda clase de maleantes y de gente fuera de la ley, que retratará en el famoso patio de Monipodio del *Rinconete y Cortadillo.*

Durante un año, 1603-4, se encuentra en Valladolid en compañía de toda su familia, compuesta exclusivamente por mujeres: viven con Cervantes su esposa, sus hermanas Andrea y Magdalena, Constanza, hija natural de Andrea, e Isabel de Saavedra, hija natural de Miguel. La madre de Isabel, Ana Villafranca, había muerto ya, al igual que su hermano Rodrigo (1600). El hogar de Cervantes dista mucho de ser modelo de admiración, pues el honor y la dignidad no fueron las virtudes de estas mujeres, con excepción de su madre y de su esposa.

A principios del año de 1605 aparece la primera parte de la obra que lo hará inmortal, *El Ingenioso Hidalgo Don Quijote de la Mancha,* cuando Cervantes contaba con cincuenta y siete años. Pero este mismo año, a pesar de su obra maestra, sufre una nueva desgracia: un caballero navarro, Gaspar de Ezpeleta, es herido frente a la residencia de Cervantes y su familia se ve implicada injustamente. El encarcelamiento dura sólo un día pero la moralidad del hogar del escritor quedó manchada por siempre.

Cervantes continúa siguiendo los pasos del cambio de asentamiento de la corte, así cuando ésta se traslada de Valladolid a Madrid, él también lo hace con toda su familia; allí cambia varias veces de residencia hasta establecerse definitivamente en la calle del León (1606). En 1609 casa a su hija Isabel; tres años después mueren sus hermanas Andrea y Magdalena, y la familia queda reducida a su esposa y a su sobrina Constanza. Pretende acompañar a Nápoles a su protector el Conde de Lemos, a quien dedica la segunda parte del *Quijote,* pero sus aspiraciones quedan frustradas pues el Conde se lleva a otros escritores, los hermanos Argensola y a Mira de Amescua, dejando burlados a Cervantes, a Góngora, a Lope de Vega, y a otros muchos pretendientes.

La gran acogida que tiene la primera parte del *Quijote* permite que Cervantes adquiera un renombre literario y que los editores se interesen en publicar sus obras. En 1613 aparecen las *Novelas ejemplares,* en 1614 el *Viaje al Parnaso,* en 1615 la segunda parte del *Quijote* y las *Comedias y Entremeses* y en 1617, póstumamente, *Persiles y Segismunda.* Es decir, la época de madurez literaria coincide con la vejez del escritor.

Don Miguel de Cervantes comprende que su vida se acaba y acepta con resignación su partida despidiéndose de la literatura: "Adiós gracias, adiós donaires, adiós regocijados amigos; que yo me voy muriendo, y deseando veros presto contentos en la otra vida" (Prólogo al *Persiles y Segismunda,* escrito tres días antes de su muerte). El 22 de abril de 1616 muere Miguel de Cervantes Saavedra en su residencia de la calle del León en Madrid, seguramente atendido por su esposa y su sobrina Constanza (ama y sobrina de *Don Quijote).* El 23 es enterrado; desde este día se celebra en su memoria, el día del idioma en todos los países de habla española. En la misma fecha murió el gran dramaturgo William Shakespeare en Stanford, pero no el mismo día, ya que esta fecha no coincide con el calendario inglés de la época, 3 de mayo.

Un posible autoretrato lo hace Miguel de Cervantes en el prólogo a las *Novelas ejemplares:*

"Éste que véis aquí de rostro aguileño, de cabello castaño, frente lisa y desembarazada, de alegres ojos y de nariz corva, aunque bien proporcionada, las barbas de plata, que no ha veinte años que fueron de oro; los bigotes grandes, la boca pequeña, los dientes ni menudos ni crecidos, porque no tiene sino seis, y ésos mal acondicionados y peor puestos, porque no tienen correspondencia los unos con los otros; el cuerpo entre dos extremos, ni grande ni pequeño; la color viva, antes blanca que morena; algo cargado de espaldas, y no muy ligero de pies".

Obras de Cervantes

Cervantes como creador ejerció tres labores distintas: fue novelista, dramaturgo y poeta. Cervantes poeta, influido por Garcilaso y la escuela clasicista de Figueroa y de Laínez, no suele pasar de una honesta habilidad en la mayoría de sus composiciones. Sus primeras poesías fueron publicadas en 1569 por Juan López de Hoyos: sonetos laudatorios al frente de libros de escritores más o menos amigos, y otros motivos circunstanciales. En otros poemas, como el largo "Viaje al Parnaso", habla de sus obras literarias, algunas de ellas perdidas y se defiende contra ciertas críticas de que fue objeto *El Quijote.* La sátira y la parodia se encuentran en algunos versos que se intercalan en las novelas pastoriles y en *El Quijote,* la gracia, por lo popular, la encontramos en cancioncillas que entonan los personajes de sus entremeses. En Pedro Urdemalas, por ejemplo, se canta un baile con el siguiente estribillo:

"Bailan las gitanas,
míralas el rey;
la reina, con celos,
mándalas prender."

A pesar de que algunos hayan tratado de considerar un buen poeta a Cervantes, él mismo nos revela su amargura, a sabiendas de que es un gran prosista y no puede compararse con los grandes poetas de su tiempo como Quevedo o Góngora: "Yo -dice en el *Viaje al Parnaso-*, que siempre trabajo y me desvelo/ por parecer que tengo de poeta/ la gracia que no quiso darme el cielo"

En 1615 Cervantes publica un volumen titulado *Ocho comedias y ocho entremeses,* nunca representados, constituido por las siguientes obras: *El gallardo español, La casa de los celos, Los baños de Argel, El rufián dichoso, La gran sultana doña Catalina de Oviedo, El laberinto de amor, La entretenida y Pedro Urdemalas,* entre sus entremeses; y *El juez de los divorcios, El rufián viudo llamado Trampagos, La elección de los alcaldes de Daganzo, La guarda cuidadosa, El vizcaíno fingido, El retablo de las maravillas, La cueva de Salamanca* y *El viejo celoso,* entre sus comedias. La producción teatral de Cervantes tuvo gran acogida por el público, demostrando la genialidad del autor principalmente en los entremeses; sin embargo se sabe que no es el mejor exponente del teatro español. Él mismo da cuenta de su calidad teatral: "dejé la pluma y las comedias, y entró luego el monstruo de naturaleza, el gran Lope de Vega, y alzóse con la monarquía cómica" (prólogo de *Comedias y Entremeses).*

Pero la genialidad de Cervantes se desborda en su producción novelística: primero publica *La Galatea* (1585), una de las grandes novelas pastoriles. La Galatea se desarrolla en el ambiente y la vida de los pastores, al estilo de las églogas de Garcilaso y las bucólicas de Virgilio, presentando los amores de la bella Galatea y el pastor Elicio, que no es correspondido, en principio, por la pastora. Únicamente al final, cuando el padre de Galatea, Aurelio, decide casarla con un pastor lusitano, a quien ella no quiere, pide protección a Elicio, quien propone un plan para salvar a su enamorada de esta situación tan incómoda. La obra quedó abierta y no se concluye, pues Cervantes promete una segunda parte donde dará un final a la novela, pero como se sabe, nunca se publicó esa segunda parte.

Las *Novelas ejemplares* representan otro gran escalón en la producción de Cervantes. Entre las doce narraciones cortas que componen el conjunto de esta obra sobresalen *La Gitanilla, Rinconete y Cortadillo, El licenciado Vidriera, El celoso extremeño, El casamiento engañoso* y *El coloquio de los perros.* Algunas de las novelas son de tipo italiano, aunque no se puede hablar de imitación, como *El amante liberal* (con notas personales extraídas de las andanzas de Cervantes por el Mediterráneo y su cautiverio), *La española inglesa* (donde da una interesante visión de Inglaterra), *Las dos doncellas, La señora Cornelia* y *La fuerza de la sangre,* tal vez la mejor de este grupo, donde se cuenta la historia de Locadia, que es raptada y deshonrada una noche por un desconocido caballero enmascarado.

No cabe duda de que las más acertadas novelas ejemplares son *La Gitanilla, Rinconete y Cortadillo* y *El coloquio de los perros.* En las dos últimas se narra la vida de los pícaros. La mayor parte del *Rinconete...* se desarrolla en el patio de Monipodio, centro del hampa sevillana. Los personajes de esta novela, Pedro y Diego Cortado, de quince y dieciséis años, deciden viajar a Sevilla y dedicarse a la vida picaresca. Admitidos en el patio de Monipodio, son amaestrados en el hampa y bautizados con los sobrenombres de Rinconete y Cortadillo. Por su parte, en el *Coloquio de los perros,* Cipión y Berganza dos canes vagabundos, dotados de habla culta y a veces filosófica, establecen un diálogo en el que el primero cuenta sus aventuras como sirviente de diferentes amos entre los que se cuenta un mozo ladrón y un mercader enamorado.

En tanto que en *La Gitanilla* una muchacha preciosa, criada por una gitana que dice ser su abuela, es admirada por todos los que la conocen como una joven llena de hermosura, habilidad y honestidad. Un joven madrileño quiere casarse con ella y para ello debe ponerse a prueba y convertirse en un gitano y seguirla por todos sus viajes durante dos años. En una de las tantas aventuras una joven se enamora del acompañante de la Gitanilla y ante la negativa de su respuesta, pues el madrileño sigue fiel a su gitana, le hace detener como un ladrón mediante una treta que realiza con unas joyas. Andrés, que así se llamaba el muchacho, responde violentamente y mata a un soldado; entonces la situación se complica e interviene el corregidor de Murcia, quien se da cuenta de que la Gitanilla es la hija que le ha sido raptada hace mucho tiempo.

La última novela de Cervantes fue la titulada *Los trabajos de Persiles y Segismunda. Historia Septentrional,* publicada después de la muerte de Cervantes en 1617. Esta novela nos da la síntesis del pensamiento del autor, puesto que recoge toda su temática sobre el idealismo y el realismo de la época. A diferencia de su gran obra *El Quijote,* en donde se hace una honda reflexión sobre la realidad y la fantasía, el *Persiles* vuelve sobre un efectivo mundo de aventuras reales, característica de las novelas bizantinas. En síntesis, los "Trabajos" que dan título a la obra son los que tienen que sufrir Persiles, especie de "antiquijote" (que durante toda la obra aparece con el nombre de Periandro, hasta el antepenúltimo capítulo, en que se revela su personalidad de hijo segundo de la reina Eustaquia de la isla de Tule, "que está en la última parte de Noruega, casi debajo del Polo Ártico") y Segismunda, encarnación viva de Dulcinea (también aparece hasta el mismo momento con el falso nombre de Auristela, y quien es en realidad hija de Eusebia, reina de Finlandia, "isla que está como a trescientas leguas de Tule").

TEMA Y ARGUMENTO

Tema general de Don Quijote

Un hombre enloquece por la insaciable lectura de libros de caballería y sale convencido de que es uno de los personajes allí representados: un caballero andante que implantará de nuevo en el mundo el amor y la justicia. Un labrador, vecino suyo, guiado por la avaricia y por la locura, lo acompaña en sus aventuras.

Argumento general de Don Quijote

El asunto de la obra es de una sencillez extraordinaria: un hidalgo llamado Alonso Quijano, que vive en la aldea de La Mancha, pierde el juicio a causa de la lectura de libros de caballerías, cuyas fantásticas e inverosímiles aventuras cree que sucedieron de veras, y decide hacerse caballero andante, como los de antaño, y lanzarse por el mundo en demanda de aventuras y para imponer en él los ideales de justicia y equidad de la vieja caballería medieval.

Pone en práctica su propósito, y sale tres veces de su aldea, las dos últimas en compañía de un labrador, Sancho Panza, al que contrata en calidad de escudero. Las tres salidas de Don Quijote, que transcurren por lugares conocidos de La Mancha, Aragón y Cataluña, se caracterizan por el desajuste entre los ideales arcaicos que en su demencia pretende resucitar Don Quijote, y la realidad actual, inadecuada para tales aventuras y extraña a aquellos ideales.

El desacuerdo de don Quijote con el ambiente en que vive no se manifiesta tanto solo en su intento de resucitar unos ideales ya caducos, sino también en las antiguas armas que viste y en el arcaico lenguaje que emplea con frecuencia en su conversación, cuando quiere remedar el habla de los héroes de sus novelas preferidas.

Cervantes, en cierta forma, vendría a ser en nuestro tiempo, algo así como un guionista de telenovelas: toma una aventura-tipo y la reproduce infinitas veces... Con la diferencia que Cervantes hace arte y los telenovelistas, basura. Así, Don Quijote aparece en una venta y su imaginación, exaltada por sus lecturas, no ve una venta sino un castillo, y por tanto, obra, procede y habla como si tal fuera (al humilde ventero lo tomará por castellano, a su mujer por una encumbrada dama y a su hija y criada por hermosas doncellas).

Igualmente, cuando Don Quijote vea unos molinos de viento cuyas aspas giran, creerá que son gigantes que mueven los brazos; cuando vea unos rebaños de ovejas y carneros que van a encontrarse, creerá que son dos ejércitos dispuestos a librar una batalla. Es decir, lo normal, cotidiano, vulgar y anodino que se da u ocurre en los monótonos caminos de La Mancha se transfigura en la loca mente de Don Quijote, en el mundo de aventura, gallardía, lujo y gloria que representaban las novelas caballerescas.

La segunda parte nos cuenta la tercera salida del héroe, quien, después de vencer al Caballero de los Espejos -el bachiller Sansón Carrasco, paisano suyo-, de enfrentarse con los leones y bajar a la cueva de Montesinos, llega a la corte de los Duques. Estos se divierten a su costa (episodio de Clavileño, entrega a Sancho de la ínsula barataria...), hasta que Don Quijote se marcha a Barcelona, donde es vencido por Sansón Carrasco, que adopta esta vez el nombre de Caballero de la Blanca Luna. El bachiller le obliga a volver al pueblo y el héroe obedece; ya en su casa decide hacerse pastor, pero enferma y muere después de recobrar el juicio y de renegar de los libros de caballería.

Introducción al Quijote. Publicación de la obra

Don Quijote y Sancho Panza nacen para el mundo artístico en 1605, cuando Juan de la Cuesta edita la primera parte de la novela con el título de *El Ingenioso Hidalgo Don Quijote de la Mancha,* compuesto por Miguel de Cervantes Saavedra. Esta primera parte, como era requisito de la época, fue dedicada a un noble: al Duque de Béjar. Se ha supuesto la existencia de una edición anterior, de 1604, de la que no queda rastro. Para comprobarlo, generalmente se hace cita la carta de Lope de Vega, fechada el 4 de agosto de 1604, en la que se hace referencia a la obra o a los personajes de la obra.

Lo que sí es seguro, es que la primera parte de la novela ya estaba acabada en 1604, cuando Cervantes residía en Valladolid. Es muy difícil determinar cuándo empezó a redactarla, aunque se puede creer que la comenzó poco después de 1591 y que aprovechó episodios que ya había escrito en 1589. Si nos atenemos a las indicaciones que se nos dan en el prólogo (1605) tendremos como referencia la cárcel de Sevilla, en la que Cervantes pasó tres meses en 1597 (la obra se "engendró en una cárcel", dice el autor).

La segunda parte de la novela tiene una historia muy distinta. Nueve años después de la primera parte (1614) aparece un libro titulado *Segundo Tomo del Ingenioso Hidalgo don Quijote de la Mancha,* que contiene su tercera salida y es la quinta parte de sus aventuras. El libro no aparece firmado por Cervantes, sino por el Licenciado Alonso Fernández de Avellaneda, natural de la villa de Tordesillas. Éste, impulsado por el éxito del *Quijote* de Cervantes, decide continuar la historia con fines bastante bajos. Pretendiendo ganar el crédito de la obra, ofende al autor de la primera parte por su viejez y manquedad.

Ante este curioso hecho, sin precedentes en la historia de la literatura, Cervantes se ve obligado a apurar la conclusión del segundo volumen de su novela, para responder como verdadero autor del *Quijote*. Publica un segundo y último volumen, dedicado al Conde de Lemos, su protector, bajo el nombre de *Segunda parte del Ingenioso Caballero Don Quijote de la Mancha* (1615), en cuyo prólogo advierte que no entrará en discusión con el falso autor de la segunda parte, Avellaneda, pues no es necesario ya que ningún autor de prestigio se oculta bajo un nombre falso, ni se vale de insultos y fraudes para ganar la atención del público.

Las novelas de caballería

En uno de los pasajes de la novela, Don Quijote explica a un joven llamado Vivaldo cuál es el origen de los caballeros andantes (I,13). En este pasaje se dice que la génesis de la novela de caballería se encuentra en la orden de los caballeros de la Tabla Redonda, que se encontraba al servicio de la corte del Rey Arturo (Artús) de Inglaterra en el siglo II. Sobre esta orden se escribieron múltiples leyendas que se divulgaron por toda Europa con cuatro características esenciales:

a) Narraciones en prosa, por lo general de gran extensión, que relatan las aventuras de un hombre extraordinario, el caballero andante, quien vaga por el mundo luchando contra todo tipo de personas o monstruos, contra seres normales o imaginarios, por tierras exóticas y fabulosas, o al mando de poderosos ejércitos derrota y vence innumerables fuerzas enemigas o naciones extrañas.

b) El caballero andante es un ser de fuerza considerable, muchas veces portentosa e inverosímil, habilísimo en el manejo de las armas, incansable en la lucha y siempre dispuesto a acometer grandes empresas peligrosas, al servicio de un gran noble, por lo común el Rey, que lo ha armado caballero.

c) Existe un afán de aventura que es para el caballero andante como una necesidad vital y constituye un anhelo por imponer su personalidad en el mundo.

d) El constante luchar del caballero supone una serie ininterrumpida de sacrificios, trabajos y esfuerzos que son ofrecidos a una hermosa dama, con el fin de conseguir, conservar o acrecentar su amor.

A partir del siglo XIII comienza a divulgarse en España la novela de caballería, principalmente el *Chrétien de Troyes* que tuvo muchos imitadores y alcanzando gran éxito hasta el siglo XVI. En el siglo XIV aparecen los primeros fragmentos de *El Amadís de Gaula,* y en el siglo XV la primera edición del *Tirant le Blanc.* Estos dos libros son las mejores novelas caballerescas que se escribieron en España y ejercieron una gran influencia en la arquitectura y desarrollo de *Don Quijote de la Mancha.*

Ediciones del Quijote

Cervantes, rechazando el éxito de la literatura de caballería, publica su novela con el objeto de sepultar el mundo caballeresco; paradójicamente, lo inmortalizará. Desde el comienzo, *El Quijote* gozó del privilegio de tener miles de lectores que se apasionaron con la lectura de la parodia caballeresca. Las impresiones de la obra se hicieron rápidamente, a medida que la novela se iba haciendo popular. Así, en lengua original, *El Quijote* se imprimió unas tres veces en el siglo XVII, unas cuarenta en el XVIII, unas doscientas en el XIX y en lo que va del XX, un promedio de veinte veces al año. Actualmente se considera que el Quijote es la obra más editada en el mundo, después de la *Biblia* cristiana, y por encima de *La Ilíada o La Divina Comedia.* Estos datos bibliográficos no hacen más que revelar la importancia de la obra de Cervantes, cumbre de las letras españolas.

Contexto histórico de la obra de Cervantes

Cervantes aparece, culminación y síntesis, en la literatura española en un momento en que todas las formas culturales de la península se hallaban en plena madurez. Políticamente, Cervantes habría de vivir en un momento decisivo de tránsito del apogeo a la decadencia, entre el esplendor de la victoria y la amarga resignación del fracaso: entre el triunfo militar de Lepanto (1571) y la destrucción de la Armada invencible (1588). Tergiversando parcialmente una frase de Stendhal, la podríamos aplicar a la España de Cervantes: "¡Oh siglo XVI!". La locura...

Consciente de este crítico instante de la historia de España, Cervantes, optimista y riente se ha de convertir con *Don Quijote,* en el maestro de un humorismo trágico y desesperado: la hermosa y nostálgica España estaba exactamente representada en Don Quijote y Sancho: idealismo contra materialismo, esperanza contra practicidad, un mundo nuevo contra el monótono mundo antiguo. En fin, España empezaba a morir y Cervantes sin quererlo era su sepulturero.

En el orden de la cultura, predominaba en España un aristotelismo conservador (que sería mejor llamar "aristotelismo teológico" o "Tomás de Aquino trasnochado"). En efecto España, por razones culturales e históricas que no es del caso exponer aquí (salvo que la Iglesia católica y la Contrarreforma fueron las culpables del desastroso atraso cultural y económico de España), se negaría a la Ilustración, tal como la adoptarían después Francia, Inglaterra y Alemania. ¿No es extraño, entonces, que España, después de ser la primera potencia de Europa, pase en el transcurso del siglo XVII a ser la sirvienta de Europa?

Cervantes mismo se encuentra en el dilema típico del español: afirmarse o negarse. Por un lado es *erasmista* (seguidor de las teorías del científico anticatólico Erasmo de Rotterdam) y por otro, se reafirma en el catolicismo contrarreformista. Son las dos caras de la moneda: uno, el Cervantes grandioso; otro, el Cervantes mediocre.

España, entre los reinados de Carlos I y Felipe II, vive la transición entre el mundo de acción, militar, heroico (la batalla de Lepanto, los descubrimientos y conquistas en América, las victorias en Europa), y el mundo ascético, prudente y religioso de Felipe II, donde triunfa la Iglesia y donde fracasan las empresas militares. Es el momento crítico del fracaso político-militar y de la pérdida o decadencia de los grandes ideales.

La gloriosa España de Felipe II desaparecía lentamente. Los últimos austrias, Felipe III, Felipe IV y Carlos II, serían incapaces de detener lo que un novelista, Cervantes, en una obra, *Don Quijote,* había predicho: "Estamos muriendo y no queremos hacer nada para evitarlo".

Incomprensión de su tiempo y lectura hoy

Los intelectuales y escritores contemporáneos a Cervantes, no entendieron el valor de la obra. Algunos la rechazaron rotundamente y realizaron fuertes críticas contra el autor. Lope de Vega es uno de ellos: en un poema, "Amar sin saber a quién", dice lo siguiente:

"Don Quijote de la Mancha
(perdone Dios a Cervantes)
fue de los extravagantes
que la crónica ensancha".

Otros simplemente se quedaron en el nivel de la parodia de los libros de caballería, como lo demuestra uno de los personajes de *El Cigarral segundo* de Tirso de Molina: "Después que murió nuestro español Boccaccio, quiero decir Miguel de Cervantes, ejecutor acérrimo de la expulsión de andantes aventuras..."

A través del tiempo se ha demostrado que esas ingenuas opiniones no alcanzaron a comprender la monumentalidad de la obra de Cervantes. Hoy por hoy, la lectura del Quijote es un placer que exige esfuerzo, amor por la historia que cuenta la obra, y reflexión por el tipo de hombre en que creía Cervantes: el soñador que quiere llevar sus sueños a la realidad. "Lo extraordinario -dice el crítico español Martín de Riquer- del Quijote es que es una parodia que interesa al que desconoce lo parodiado, un libro con una circunstancia muy concreta que llega a los más alejados en el tiempo y el espacio, una diatriba para acabar con algo que hace mucho se acabó, y que cada día nos ofrece mayores perspectivas y posibilidades de reflexión y de auténtico regocijo."

En América Latina encontramos el caso del escritor argentino Jorge Luis Borges, quien escribe un cuento titulado "Pierre Ménard, autor del Quijote" (1939), donde se manifiesta la necesidad de todo hombre por reescribir *El Quijote*, es decir, escribir la obra maestra que nos haga iguales a Cervantes. Pero Borges sabiamente frena nuestras intenciones: la belleza del Quijote puede ser compartida, pero no nuevamente creada: "Componer el Quijote a principios del siglo diecisiete era una empresa razonable, necesaria, acaso fatal; a principios del veinte, es casi imposible. No en vano han transcurrido trescientos años, cargados de complejísimos hechos. Entre ellos, para mencionar uno solo: el mismo Quijote".

Otros escritores europeos han asimilado y fantaseado con la obra de Cervantes: Franz Kafka, por ejemplo, da una nueva versión sobre la realidad de Sancho Panza, mientras que el escritor checho Milán Kundera afirma que todo novelista debe rendir cuentas a Cervantes. Parte de estos comentarios los incluiremos más adelante.

LISTA DE PERSONAJES

PRINCIPALES

DON QUIJOTE. Es el personaje principal de la novela. Su verdadero nombre, según se revela en la segunda parte, es Alonso Quijano el Bueno. En algunos capítulos adoptará el nombre de "El caballero de la Triste Figura". Después de leer libros de caballería, decide convertirse en un caballero andante para ir por el mundo en busca de aventuras.

SANCHO PANZA. Labrador y vecino de Alonso Quijano, quien ya convertido en Don Quijote, lo convence -prometiéndole el gobierno de una ínsula- para que lo acompañe como su escudero y vayan por el mundo en busca de aventuras. Es sonso, avaro e interesado. Pese a ello tiene momentos de solidaridad y comprensión, incluso de ternura.

SECUNDARIOS

DULCINEA DEL TOBOSO. Campesina a quien Don Quijote se encomienda para realizar cada una de sus batallas como caballero andante. La loca cabeza de Don Quijote, la ha convertido en dama. Es fea y grosera.

ROCINANTE. Caballo flacuchento de Don Quijote y su insuperable compañero; con frecuencia se ve involucrado en las aventuras de su amo y jinete. Sufre tantas golpizas que de no ser *Don Quijote* una novela fantástica y humorística, creeríamos que el animal tiene siete vidas.

PEDRO PÉREZ. Cura amigo de Don Quijote que pretende separarlo del mundo caballeresco, suponiendo que con eso le devolverá el juicio. Para ello recurre a trampas que de una u otra forma lo involucraron en las aventuras de su amigo.

MAESE NICOLÁS. Barbero de la aldea donde vive Don Quijote. Al igual que el Cura, quiere colaborar en la recuperación de su amigo Alonso Quijano.

SANSÓN CARRASCO. Joven bachiller que se disfraza de caballero andante para luchar con Don Quijote y derrotarlo. Así quiere obligarlo a regresar a su aldea. Durante la segunda parte de la novela recibe varios nombres de caballeros andantes: "Caballero del Bosque", "Caballero de la Blanca Luna". En una de sus batallas con Don Quijote es acompañado de su escudero, Tomé Cecial, compadre y vecino de Sancho Panza.

CARDENIO. Joven víctima de penas de amor, que se interna en la Sierra Morena para olvidar a su amada Luscinda. Después de recuperar el juicio, colabora en la farsa que montan el Cura y el Barbero, para llevar a Don Quijote a su aldea.

DOROTEA. Enamorada de don Fernando quien la ha dejado plantada. Allí se encuentra con Cardenio, el Cura y el Barbero con quienes participa en el plan para evitar que Don Quijote siga haciendo chifladuras.

LOS DUQUES. Pareja de nobles que se divierten con las locuras de Don Quijote. Le entregan a Sancho el gobierno de una" ínsula".

EL AMA Y SOBRINA. Estas dos mujeres conforman el hogar de Don Quijote; lo cuidan después de que éste regresa a su casa, completamente apaleado.

TERESA PANZA Y SANCHICA PANZA. Mujer e hija de Sancho Panza. Las ideas y comportamientos de estas dos mujeres, son fiel copia de la del esposo y padre.

GINÉS DE PASAMONTE. Delincuente liberado por Don Quijote, quien lo confunde con un buen hombre injustamente castigado. Roba el burro de Sancho Panza. Más adelante aparece en la novela como el titiritero Maese Pedro.

EL VIZCAÍNO. Escudero de una dama vasca que sostiene un pelea con Don Quijote, en la cual éste sale mal favorecido.

MARITORNES. Criada de una de las ventas que visitan Don Quijote y Sancho. Se deleita haciéndole burlas bastante peligrosas al hidalgo.

ALTISIDORA. Criada de los duques; finge enamorarse perdidamente de Don Quijote para hacerle una gran burla, en la que se verá comprometida la salud de Sancho.

ANDRÉS. Siervo de Juan Haldudo, rico hacendado, que en una ocasión es golpeado por su amo. Don Quijote, viendo el agravio, interviene para socorrer al joven. Haldudo dice que "nunca lo volverá a hacer". Ido don Quijote, golpea todavía más fuerte al chico.

DOÑA RODRÍGUEZ. Criada de los duques que solicita a Don Quijote sus servicios: quiere obligar a un mozo a que se case con su hija.

MARCELA. Pastora solitaria a la que se culpa de la muerte de Grisóstomo su enamorado. Don Quijote la defiende valerosamente, por hallarla muy honesta en lo que dice y hace.

OTROS PERSONAJES

Venteros como Palomeque el Zurdo, en cuyo negocio se lee la "Historia del Curioso impertinente"; otro ventero, burlesco y gordo, que arma caballero a Don Quijote ayudado por dos mujerzuelas. Pastores que alojan a Don Quijote y a Sancho; otros pastores como Marcela y Grisóstomo que se aman. Además aparecen en la obra cabreros, cuadrilleros, delincuentes, caballeros, moros, encantadores, "gigantes", etc.

RESÚMENES Y COMENTARIOS

DEDICATORIA

La novela se inicia con una dedicatoria que a los ojos de hoy, puede parecer excesivamente formal o reverenciosa. Pero como era la usanza en la época (siglo XVI), toda obra literaria iba habitualmente dedicada por el escritor a su mecenas o protector económico. Entre otras cosas porque la Inquisición, máximo tribunal eclesiástico de España, lo exigía como requisito legal.

Cervantes no es la excepción, así es que *El Ingenioso Hidalgo Don Quijote de la Mancha,* está dedicada al Duque de Béjar de innumerables títulos aristocráticos, "al abrigo del clarísimo nombre de vuestra excelencia", como dice Cervantes.

PRÓLOGO

Luego aparece un prólogo que, desde la primera línea, incita a la risa: "Desocupado lector" llama Cervantes al inocente y aventurado que se atreve a leer *Don Quijote.* Después el novelista se excusa de no haber hecho una obra hermosa, gallarda y discreta, pues "no he podido contravenir a la Naturaleza; que en ella cada cosa engendra su semejante".

Sigue una anotación, ya no risueña como la anterior, sino más bien tragicómica: Don Quijote es una obra fruto, no del sosiego espiritual ni de la riqueza económica, sino de una experiencia dolorosa en la vida de cualquier hombre: la cárcel, "donde toda incomodidad tiene su asiento y donde todo triste ruido hace su habitación".

Se pensaría que en verdad Cervantes excusa lo mediocre o mal elaborado de su novela (cuando sabemos que *Don Quijote* es una obra maestra). Puede ser, pero la intención sigue siendo burlarse de sí mismo: qué dirán de este hombre ya en la senilidad, piensa Cervantes, cuando "salgo ahora, con todos mis años a cuestas con una leyenda seca como un esparto, ajena de invención, menguada de estilo, pobre de conceptos y falta de toda erudición y doctrina..."

Cervantes también lamenta que su libro no lleve sonetos o prefacios en verso de aristócratas o poetas famosos, y los que incluirá, como lo veremos después, son parodias escritas por el propio novelista. Dice Cervantes que al no poder hallar por sí solo, el modo de hacer un prólogo para los lectores, consultó a un "amigo" (él mismo), quien le dijo que "se puede remediar en que vos mismo toméis algún trabajo en hacerlos, y después los podéis bautizar y poner el nombre que quisiéredes, ahijándolos al Preste Juan de las Indias o al Emperador de la Trapisonda".

Las burlas continúan y lo que debía ser un prólogo se convierte en un antiprólogo. Repentinamente el "Cervantes serio" detiene al "Cervantes humorista": es la primera vez que Cervantes expone su verdadera intención en Don Quijote: burlarse y atacar los libros de caballería que aquejan, "enferman" a la sociedad española:

"Y pues esta vuestra escritura no mira más a más que a deshacer la autoridad y cabida que en el mundo y en el vulgo tienen los libros de caballerías, no hay para qué andéis mendigando sentencias de filósofos, consejos de la Divina Escritura, fábulas de poetas, oraciones de retóricos, milagros de santos; sino procurar que a la llana, con palabras significantes, honestas y bien colocadas, salga vuestra oración y sonido sonoro y festivo, pintando en todo lo que alcanzáredes y fuere posible vuestra intención; dando a entender vuestros conceptos sin intricarlos y escurecerlos.

"Procurad también que, leyendo vuestra historia, el melancólico se mueva a risa, el risueño la acreciente, el simple no se enfade, el discreto se admire de la invención, y el grave no la desprecie ni el prudente deje de alabarla. En efecto, llevad la mira puesta a derribar la máquina mal fundada destos caballerescos libros, aborrecidos de tantos y alabados de muchos más..."

Un honesto mensaje de Cervantes, que todo escritor debe recordar al ejercer su oficio. Luego nos presenta a su «héroe» "Don Quijote de la Mancha, de quien hay opinión por todos los habitantes del distrito del campo de Montiel que fue el más casto enamorado y el más valiente caballero que de muchos años a esta parte se vio en aquellos contornos".

Cervantes cierra su prólogo con diversos sonetos (anunciados antes) que son jocosas parodías de su propia obra. Con esto Cervantes se burlaba de su "seria" contemporaneidad (y aún de la nuestra): todo lo que hacen los hombres no está exento del olvido e incluso, cuando nos recuerden, será por pocas cosas. El inolvidable Cervantes profetizaba para sí el olvido y (¡qué paradoja!) aquí estamos nosotros, 386 años después (1605-1991) hablando de las venturas y desventuras de Don Quijote.

Tenía razón el gran escritor argentino Jorge Luis Borges, cuando decía que "cada época reinterpreta las obras que quiere". Para la muestra de un botón: nosotros.

PRIMERA PARTE

Capítulo I

Resumen

"En un lugar de la Mancha, de cuyo nombre no quiero acordarme, no ha mucho tiempo que vivía un hidalgo de los de lanza en astillero, adarga antigua, rocín flaco y Galgo corredor."

La novela comienza con la descripción de un hombre: vive en la Mancha (centro de España), de 50 años, más bien pobre, delgado, muy madrugador, a quien le gusta la caza. Todos lo conocen como Quijada o Quesada.

Vive en una hacienda acompañado de su sobrina y de una mujer mayor que es el ama. Sus horas de ocio, que son muchas, las dedica a la lectura de libros de caballería; pero llega a hacerlo con tal dedicación que olvida hasta su gusto por la cacería. Además vende algunas de sus tierras para adquirir más y más de estos libros. De esta manera pasa los días enteros tratando de entender lo que ellos dicen:

"La razón de la sinrazón que a mi razón se hace, de tal manera mi razón enflaquece, que con razón me quejo de la vuestra fermosura".

Constantemente habla de héroes de la novela caballeresca: Palmerín de Inglaterra o Amadís de Gaula; del Cid, de Roldán, de gigantes y de dioses.

Se enfrasca tanto en la lectura que dedica día y noche a la literatura, hasta que, finalmente, pierde el juicio. Su cabeza se llena de todas aquellas fantasías, batallas y desafíos de los libros de caballerías y decide hacerse caballero andante para ir por el mundo en busca de aventuras.

Lo primero que hace es desempolvar una armadura de sus bisabuelos, luego busca un caballo flacuchento y emulando los nombres de los rocines de Alejandro Magno y el Cid Campeador, lo bautiza después de mucho pensarlo, con el nombre, de Rocinante. Otros ocho días dura tratando de cambiarse su propio nombre, hasta llamarse por fin Don Quijote de la Mancha. Por último descubre que sólo le falta una dama a quien ofrecer sus triunfos. Recuerda, entonces, a Aldonza Lorenzo, una labradora de quien había estado enamorado y la bautiza como Dulcinea del Toboso, nombre que le pareció muy melodioso.

Capítulo II

RESUMEN

Listo ya Don Quijote para salir al mundo como caballero andante, no desea aguardar más tiempo para salir en busca de aventuras. Y sin avisar a nadie sale una madrugada del mes de julio, puesta su armadura y montado sobre Rocinante. Pero ya en el campo, piensa alarmado que aún no se ha realizado la ceremonia para armarlo caballero, según las leyes de la caballería, y decide que al primero que se encuentre, se lo solicitará.

Camina hasta el anochecer y llega muy cansado a una venta. Allí, se encuentra con dos mujerzuelas. Para el juicio de Don Quijote no existe venta ni mujerzuelas. En medio de su fantasía ve un castillo y dos hermosas doncellas; ellas se asustan al ver la figura de Don Quijote, pero él muy cortésmente las saluda:

"No fuyan las vuestras mercedes ni teman desaguisado alguno; ca a la orden de caballería que profeso non toca ni atañe facerle a ninguno, cuanto más a tan altas doncellas como vuestras presencias demuestran"

Las mujeres se burlan y Don Quijote se enoja. Sale el ventero y dándose cuenta de lo que ocurre, le ofrece la venta al supuesto caballero para que coma y pase la noche. Sin poderle quitarle la armadura al loco, las mujeres ayudan a darle alimento y bebida. Don Quijote cree que es atendido por dos damas y un caballero castellano.

Capítulo III

RESUMEN

Terminada la cena, nuestro personaje llama al ventero y se arrodilla ante él para rogarle que lo arme caballero. Le explica que según lo acostumbrado, esa noche él velará las armas en la capilla del castillo, para realizar la ceremonia al día siguiente. El ventero lo escucha y consciente de la locura de su huésped, decide "seguirle la cuerda", haciendo alusión a muchos personajes de las obras de caballería.

Le pregunta a Don Quijote si trae dinero, y si por el contrario no lo tiene, le aconseja que lo haga. De igual modo le dice que lleve camisas y ungüentos para curar heridas. Todos comentan lo que ocurre con el huésped y lo observan; Don Quijote se encuentra en el patio y camina de un lado a otro vigilando sus armas. Un arriero, que también se hospedaba en la venta, se acerca a la pila y don Quijote enfurecido le habla:

“¡Oh tú, quien quiera que seas atrevido caballero, que llegas a tocar las armas del más valeroso andante que jamás se ciñó espada, mira lo que haces y no las toques, si no quieres dejar la vida en pago de tu atrevimiento!”

Pero el arriero no atiende estas palabras y Don Quijote lo golpea fuertemente. Poco después llega otro arriero con iguales intenciones y corre la misma suerte del anterior. Salen todos a ver qué ocurre y algunos enfurecidos le tiran piedras a Don Quijote y éste a su vez, los ataca e insulta. El ventero decide acabar con este escándalo, armándolo de un vez caballero: trae un libro y una vela y junto a las dos doncellas, presiden la ceremonia. Don Quijote se arrodilla, el ventero reza alguna oración y le da un golpe en el cuello y otro en la espalda, sin que las mujeres puedan disimular su risa. Finalmente Don Quijote, muy agradecido, sale de la venta.

Capítulo IV

Resumen

Sale Don Quijote muy contento de la venta y al recordar los consejos del ventero, quiere regresar a su hacienda para conseguir todo lo necesario. Además piensa que debe buscar un escudero que lo acompañe.

De pronto escucha unas voces de alguien que se queja y agradece al cielo la posibilidad de ayudar a algún necesitado; se acerca a ver qué ocurre y se encuentra con un joven de 15 años, amarrado y semidesnudo a quien un labrador golpea brutalmente. Don Quijote lo desafía para que no maltrate más al joven, pero el hombre contesta que es un criado suyo que le ha dejado perder varias ovejas. Don Quijote obliga a Juan Haldudo, que así se llama el hombre, a desatar a su criado, Andrés, y además le hace prometer que pagará todo lo que adeude al muchacho. Pero cuando el caballero se marcha, Juan Haldudo continúa golpeando brutalmente a su criado.

Don Quijote sigue su camino muy contento por haber podido defender a Andrés y se encuentra con un grupo de mercaderes; le parece que ésta puede ser una aventura más, y los enfrenta:

“Todo el mundo se tenga, si todo el mundo no confiesa que no hay en el mundo todo doncella más hermosa que la Emperatriz de la Mancha, la sin par Dulcinea del Toboso”

Los hombres al ver la locura de Don Quijote se burlan, diciendo que no la conocen y que de pronto es tuerta. Don Quijote enfurecido los ataca; los mercaderes lo tumban con caballo y todo, y huyen dejándolo allí tirado sin poderse levantar. Pero aún así Don Quijote se siente dichoso, porque piensa que esa desgracia es propia de los caballeros andantes.

Capítulo V

Resumen

Cuando Don Quijote se encuentra allí tirado, pasa por el lugar Pedro Alonso, un labrador vecino suyo, quien lo reconoce. Para Don Quijote éste es el Marqués de Mantua, pues en ese momento, en su cabeza se encuentra la lectura de las historias del *Entremés de los Romances.* El labrador decide llevarlo a su hacienda.

En casa del señor Quijano todo es alboroto. Allí se encuentran el barbero y el cura, el ama y la sobrina, todos muy afanados porque Don Quijote lleva tres días desaparecido. Culpan a los libros de caballería y manifiestan el deseo de quemarlos. En ese momento llega el labrador con Don Quijote, mientras éste pide que llamen a la sabia Urganda para que cure sus heridas.

Comentarios capítulos I al V

Estos cinco primeros capítulos describen el paso de la cordura a la locura de un manchego hidalgo, su primera salida llena de aventuras y el regreso a su hacienda.

En el primer capítulo Cervantes nos habla de las costumbres del protagonista y su desmedido amor por las obras de caballería. Cervantes es algo impreciso al no ubicar con exactitud el lugar donde vive Alonso Quijano; también hay alguna ambigüedad en lo que se refiere al apellido; a veces lo denomina Quijano, otras Quesada o Quijada. Parece que el autor se propone con esto ocultar su labor creadora (en el interior de la novela), para mostrarse no como el autor, sino como el recopilador de una historia verídica, tal como se verá en el capítulo IX de la primera parte.

Cervantes cita también los títulos, personajes y aventuras de las obras de caballería, que eran seguramente las que él mismo amaba o ... acaso odiaba. Por ejemplo: *Feliciano de Silva, Belianís de Grecia,* obra del autor Jerónimo Fernández; Palmerín de Inglaterra y otros, que se citan con lujo de detalles en el capítulo correspondiente a la quemazón de libros.

Cuando Cervantes escribe su obra, el idioma español es muy parecido al nuestro; sin embargo él emplea permanentemente formas arcaicas, en boca de Don Quijote, tales como: *non fuyáis, fermosura,* que no se empleaban ya en la época de Cervantes.

A partir del capítulo dos se narra lo relativo a la primera salida de Don Quijote. Ésta tiene una evidente unidad en los seis capítulos que la componen. Se trata de una narración, muy similar al *Entremés de los romances,* en la cual un hidalgo enloquece leyendo libros de caballería, es burlescamente armado caballero, defiende a un criado de la ira de su amo y, finalmente, es apaleado por los mercaderes y recogido por un hombre que lo lleva de regreso a su aldea.

En estos primeros capítulos, encontramos que todos los personajes con los que se encuentra Don Quijote, como el ventero, las mozas, Haldudo y el mismo vecino Pedro Alonso, toman a Don Quijote por loco y siguiéndole la corriente, se divierten. Pedro Alonso al llegar a la Hacienda con Don Quijote dice:

"Abran vuestras mercedes al Señor Valdovinos y al Señor Marqués de Mantua, que viene malferido y al Señor moro Abindarráez, que trae cautivo al valeroso Rodrigo de Narváez, alcaide de Antequera".

Capítulo VI
Resumen

Al día siguiente del regreso de Don Quijote, cuando todavía se encuentra dormido, llega el Cura acompañado del Barbero y entran con la sobrina y el ama, a la biblioteca del señor Quijano. El Ama trae agua bendita para que el Cura la emplee allí. Y comienza la selección de los libros que serán devorados por el fuego, aunque las dos mujeres desean quemarlos todos. Los primeros revisados son los cuatro tomos de *El Amadís de Gaula,* que finalmente los "críticos literarios" no condenan al fuego. Tampoco se queman el *Palmerín de Inglaterra, Don Belianís, Historia del Famoso Caballero Tirante el Blanco.* En cambio sí son quemados *Sergas el Esplandián, Don Olivante de Laura, El Caballero Platir,* y otros.

Terminada la revisión de los libros de caballería, se inicia ahora la revisión de los de poesía que también serán quemados: *La Diana, Los Diez Libros de Fortuna de Amor* y otros. Se salvan por concepto del Cura, *El Cancionero, Tesoro de Varias Poesías y La Galatea,* obra del mismo Cervantes, de quien el Cura dice ser muy amigo. También se salva *La Araucana* de Alonso de Ercilla. Ya cansados deciden quemar todo lo que queda.

Comentario

Este capítulo es, ante todo, el recuento detallado de la literatura contemporánea de Miguel de Cervantes, es decir, su antología personal de obras de caballería. El autor coloca en boca del Cura y el Barbero su propio juicio literario. Lo que Cervantes ama o admira se salva de las llamas, mientras lo que aborrece es destinado por el Barbero al fuego. El autor precisamente quiere ridiculizar o acaso parodiar, la gran cantidad de obras de caballería que pululaban en esa época y que todo el mundo leía. Se da el mismo modelo de juicio valorativo con algunas obras poéticas, tales como *La Araucana* o *La Austríada,* mientras ataca *El Viaje al Parnaso,* de Antonio Lofraso.

Capítulo VII
Resumen

Mientras el Barbero y el Cura terminan el escrutinio de los libros de Don Quijote, éste despierta dando gritos y golpes por todas partes. Todos tratan de calmarlo y él confunde al cura con el Arzobispo de Turpín, ya que en sus sueños peleaba con Roldán. Logran tranquilizarlo y se duerme nuevamente. Deciden entonces sellar la biblioteca. Dos días después Don Quijote se levanta y a donde primero va, es allí. Al no encontrarla, pregunta por ella, y el ama y la sobrina contestan que un encantador se la ha llevado; Don Quijote, muy convencido de esto, culpa al sabio Frestón.

Descansa otros 15 días, después de los cuales logra convencer a un vecino suyo, para que se convierta en su escudero. Le habla de la posibilidad de hacerlo gobernador de una ínsula. Este hombre, llamado Sancho Panza, casado y con hijos, acepta la propuesta. Don Quijote consigue algún dinero y recomienda a Sancho lo que debe preparar. Una noche, sin despedirse de nadie, se marchan en busca de aventuras: Don Quijote en su Rocinante y Sancho en un burro.

Capítulo VIII
Resumen

Don Quijote y Sancho encuentran 30 o 40 molinos de viento en el campo de Montiel. Don Quijote, confundiéndolos con gigantes, se prepara a enfrentarlos en singular batalla. Sancho trata de convencerlo de que no son gigantes, sino molinos de viento. Pero no acepta y se lanza al combate:

"Non fuyades, cobardes y viles criaturas, que un solo caballero es el que os acomete".

El fuerte viento mueve las aspas de los molinos; Don Quijote se encomienda a su señora Dulcinea y da una lanzada al aspa, que movida fuertemente por el viento, le rompe la lanza en pedazos y lo tumba a él y a su caballo. Sancho corre a socorrerlo, recordándo que lo había advertido. Pero Don Quijote obstinado, afirma que fue el encantador Frestón quien convirtió los gigantes en molinos.

Continúan el camino y pasan la noche debajo de unos árboles. Sancho duerme profundamente mientras Don Quijote piensa en Dulcinea; al igual que todos los caballeros, se desvela pensando en su dama. Al amanecer emprenden la marcha y a las tres llegan a Puerto Lápice. De repente, asoman por el camino dos frailes de la orden de San Benito. Detrás de ellos viene un coche con varios hombres y una dama. Don Quijote ve la oportunidad de otra aventura. Según él, los encantadores llevan cautiva a una princesa. Sancho le habla, haciéndole ver lo que en realidad ocurre, pero él no cree y los desafía diciendo:

"Gente endiablada y descomunal, dejad luego al punto las altas princesas que en ese coche lleváis forzadas; si no, aparejaós a recibir presta muerte, por justo castigo de vuestras malas obras."

Los frailes, aterrados, tratan de hablarle pero él no acepta razones y los ataca. Sancho es golpeado por los acompañantes de los frailes y Don Quijote se presenta a la dama del coche. Un escudero lo desafía y se enfrentan en terrible combate, mientras los demás observan. El vizcaíno logra herir a Don Quijote y... Este relato queda inconcluso: Cervantes se disculpa diciendo que no había encontrado más información en los archivos.

Capítulo IX

Resumen

Se continúa aquí la historia inconclusa del capítulo anterior. Cervantes habla al lector como si él no fuese el autor, sino un recopilador y se refiere a supuestas obras en las que él encontró el final de la batalla entre el vizcaíno y Don Quijote. Cuenta que un día en una calle de Toledo, compró unos manuscritos viejos escritos en caracteres arábigos titulados *Historia de Don Quijote de la Mancha,* escrita por Cide Hamete Benengeli, historiador arábigo. Según él, pagó la traducción del texto al castellano, y fue allí donde encontró el final de la historia que es éste:

Los dos hombres se atacan violentamente y el vizcaíno hiere a Don Quijote en la oreja y logra dañarle parte de la armadura. Pero éste, enfurecido, también hiere al contrincante y lo hace sangrar, hasta que las damas intervienen y ruegan por la vida del vizcaíno. Don Quijote accede, pero exige al otro que se presente ante su señora Dulcinea del Toboso. Y así termina este relato.

Comentarios capítulos VII, VIII y IX

A partir del capítulo VII, después del escrutinio de los libros, Don Quijote, ya recuperado, prosigue su vida de caballero andante.

Precisamente en este capítulo aparece la figura de Sancho Panza, quien habrá de ser su escudero de aquí en adelante, convirtiéndose en el personaje con quien Don Quijote formará eterna pareja: siempre juntos e inseparables.

De Sancho sabemos que es un sencillo labrador, poco inteligente:

"En ese tiempo solicitó Don Quijote a un labrador vecino suyo, hombre de bien -si es que ese título se puede dar al que es pobre-, pero de muy poca sal en la mollera".

La poca inteligencia de Sancho se constata cuando rápidamente decide aceptar el ofrecimiento de Don Quijote. Está casado con Juana Gutiérrez y se sabe que tienen varios hijos. Temeroso siempre de enfrentar las aventuras de su caballero, representa siempre la razón, la cordura frente a los juicios descabellados de Don Quijote. Nuevamente en el mundo, no tardan en encontrar una aventura: la de los molinos de viento. Ésta, representa sin lugar a dudas, la más grande parodia a los libros fantásticos de caballería, donde valerosos caballeros se enfrentaban a temidos gigantes presentes en este tipo de obras. Vale recordar los nombres de algunos de ellos: Pasaronte el Malo, Bruciferno, Grindalafo, etc. Don Quijote cita también a Briareo, gigante de la mitología griega.

De otro lado, en la aventura con los frailes y con el vizcaíno, cuando Don Quijote los desafía para que dejen en libertad a la supuesta doncella secuestrada, muy seguramente está emulando al protagonista del "Caballero de la Cruz", obra de caballería en la que el protagonista desafía al gigante Argomeo el Cruel, quien también había raptado a una emperatriz.

Con relación a la batalla de Don Quijote con el escudero vizcaíno, parece que este personaje no ve en nuestro protagonista a un loco, sino a un verdadero escudero que lo desafía. Encontramos nuevamente en el lenguaje de Don Quijote, burdas imitaciones del lenguaje de otras obras de caballería, como del *Amadís* y encontramos al manchego empleando formas arcaicas del idioma castellano (fermosura).

En el capítulo IX Cervantes se introduce en su propia obra como personaje, para hablar directamente al lector y atribuir la autoría de las aventuras de Don Quijote a un escritor arábigo, un tal Cide Hamete Benengeli. Es como si Cervantes mismo quisiera negar su máxima obra, escudándose en los manuscritos y apareciendo sólo como recopilador. Pero esto no es gratuito. Es otra parte de la parodia a los libros de caballería, donde los autores se encuentran en situaciones similares: por ejemplo, en *El Caballero de la Cruz* y en *Belianís de Grecia.*

Capítulo X

Resumen

Después de la terrible pelea con el vizcaíno, Don Quijote monta nuevamente en Rocinante, mientras Sancho implora de rodillas a su amo cumpla la promesa de la ínsula para gobernar. Don Quijote, herido en la oreja, sangra copiosamente, pero continúa la ruta en compañía de su escudero, quien se muestra muy temeroso por lo que pueda sucederles. Pero el ingenioso hidalgo, sin preocuparse, parece ufanarse de su valentía. Habla del bálsamo de Fierabrás con el que se curará la herida, ya que, le explica a Sancho, dicho bálsamo posee grandes propiedades curativas y hasta milagrosas, puesto que puede pegar hasta una parte del cuerpo que haya sido mutilada.

Don Quijote continúa hablando a Sancho de personajes y acontecimientos de los libros de caballería y de las costumbres de los caballeros andantes: por ejemplo, el ayuno. Seguramente por esto él no se preocupa por buscar alimento, mientras Sancho aguanta hambre. Al anochecer, llegan a las chozas de unos cabreros y se disponen a pasar allí la noche.

Capítulo XI

Resumen

Los cabreros preparan alimento y cordialmente acogen a los recién llegados, invitándolos a cenar asado. Aceptan y gustosos comen mientras los cabreros se mantienen silenciosos. Posteriormente Don Quijote hace una larga exposición sobre la Edad de oro y sus principales autores. Los cabreros continúan en absoluto silencio. Cuando Don Quijote finaliza su monólogo, uno de ellos habla de Antonio, un cabrero que interpreta el rabel y canta. Lo llaman, piden que cante y él accede.

Capítulo XII

Resumen

Llega otro joven y les cuenta que ese día falleció otro pastor, Grisóstomo, y que su muerte se debía al despecho de amor por culpa de la joven Marcela, hija de un hombre muy adinerado. También cuenta que Grisóstomo ha dejado un testamento con las indicaciones sobre su entierro, y que un amigo de él llamado Ambrosio, tratará de cumplir los deseos del pastor fallecido. Todos acuerdan asistir al sepelio el día siguiente.

Don Quijote se interesa por el asunto y Pedro, uno de los cabreros, le cuenta detalles del difunto. Era adinerado, había estudiado en Salamanca y conocía la astrología a fondo. Pero un día había decidido convertirse en pastor, después de la muerte de su padre: la verdadera razón de su repentino cambio había sido su amor por la pastora Marcela.

Ella era también hija de un hombre acaudalado, de nombre Guillermo; pero era ya huérfana y había quedado en poder de un tío. Al crecer, se convirtió en una joven bellísima y además muy rica. La fama de esta joven se extendió por todas partes, pero ella no quería matrimonio y un día se fue al bosque. Muchos jóvenes se enamoraron de ella, entre ellos el pobre Grisóstomo. Con todos fue muy amable, pero a ninguno dijo una palabra amorosa y muchos sufrían por esto. Todo parece indicar que el pastor ha muerto por pena de amor.

Don Quijote queda fascinado con la historia. El capítulo termina cuando todos se van a dormir, menos él, que pasa la noche pensando en Dulcinea.

Capítulo XIII

Resumen

Todos despiertan muy temprano para ir al entierro de Grisóstomo. En el camino se encuentran con otros pastores vestidos de negro, que también se dirigen al sepelio. Uno de ellos, llamado Vivaldo, interroga a Don Quijote por las armas que lleva; la respuesta que da les hace ver a todos su locura y empiezan a preguntarle sobre caballeros andantes. Él responde haciendo referencia al Rey Arturo, a los Caballeros de la Tabla Redonda y a otros. Vivaldo, le sigue la corriente, haciendo algunas observaciones acerca de las costumbres de los caballeros, sus aventuras, sus damas y sus amores. Don Quijote habla con gran orgullo de Dulcinea y de su belleza. Vivaldo interroga sobre la alcurnia de la dama y Don Quijote responde con una larga enumeración de apellidos de linaje y distintos lugares..., para decir al final que es del Toboso.

Terminada esta plática, ven llegar a los que traen el cuerpo de Grisóstomo, a quien describen como un hombre buen mozo, de 30 años, vestido como pastor. Ambrosio, su mejor amigo, afirma que allí debe ser sepultado. Era precisamente en ese lugar, donde el difunto había conocido a Marcela y donde ella misma lo había desengañado. A continuación pronuncia un discurso fúnebre en el que habla de los amores de los dos pastores.

Finaliza este capítulo con una solicitud que hacen los pastores: leer un poema, el último escrito por Grisóstomo antes de morir.

Capítulo XIV

Resumen

Se inicia la lectura de la canción de Grisóstomo, que es bastante extensa y bien podría llamarse canción desesperada. Según parece, en ella, el pastor pone duda la buena fama de Marcela. De pronto, aparece la propia Marcela y Ambrosio, enfurecido, le habla:

"¿Vienes a ver por ventura, ¡oh fiero basilisco destas montañas!, si con tu presencia vierten sangre las heridas deste miserable a quien tu crueldad quitó la vida...?"

Marcela se defiende y explica a todos que ella, no por ser hermosa, ha de enamorarse de cualquier hombre. Sólo quiere disfrutar del campo, de la belleza de la naturaleza; de los ríos, las montañas y por eso se ha refugiado en medio del campo. A ninguno de sus enamorados dió esperanza alguna, ni siquiera a Grisóstomo; por eso su alma está tranquila. Dice que a él lo mató su imprudencia y pide a todos los que la califican de fiera, que la desconozcan.

Y así como llegó, se marcha. Todos quedan asombrados por su belleza y discreción.

Don Quijote advierte a todos, con espada en mano, para que ninguno la siga ni la moleste.

Cierran la sepultura de Grisóstomo con este epitafio:

"Yace aquí de un amador
el mísero cuerpo helado,
que fue pastor de ganado,
perdido por el desamor.
Murió a manos del rigor
de una hermosa ingrata,
con quien su imperio dilata
la tiranía de Amor".

Colocan flores en la tumba, y dando el pésame a Ambrosio, se separan. Don Quijote también se despide.

Comentarios capítulos X, XI, XII, XIII, y XIV

Encontramos en algunas ediciones del *Quijote* que el capítulo X se titula de manera bien diferente, refiriéndose otra vez a la aventura de Don Quijote con el Vizcaíno, aunque ésta ya ha finalizado. Pero la Real Academia Española, en la edición de 1780 inventó el título que figura en el resumen: "De los graciosos razonamientos entre Don Quijote y Sancho Panza su escudero"; Realmente ese título conviene más, pues lo que en verdad pasa es una conversación del ilustre manchego con su fiel seguidor.

En este capítulo vemos a un Sancho cada vez más convencido del papel de Don Quijote, y él mismo, más deseoso y seguro de que la consecución de la ínsula, puede ser un hecho real.

Sancho le comenta a Don Quijote la presencia de la Santa Hermandad, que seguramente puede apresarlos por lo ocurrido con los frailes. Esta Santa Hermandad era un tribunal que castigaba los delitos en el campo y estaban organizados en cuadrillas para perseguir a los malhechores.

Don Quijote cita de nuevo las bondades del bálsamo de Fierabrás con el que puede curar la herida que tiene en la oreja, pero que también sirve para curar cualquier herida por grave que sea, ya que posee cualidades milagrosamente curativas.

Pues bien, la alusión a este bálsamo, proviene de un cantar de gesta francés de 1170; en éste, Fierabrás es un gigante: él y su padre roban y saquean a Roma; entre las reliquias robadas, llevaron unos barriles de bálsamo con el que fue embalsamado Jesucristo, que tenía el poder de curar heridas. La referencia de Don Quijote a este bálsamo, es sencillamente un elemento más de la parodia de Cervantes.

En este capítulo, Sancho confiesa su condición de analfabeto:

"Perdóneme vuestra merced -dijo Sancho-; que como yo no sé leer ni escrebir..."

Al caer la noche, llegan al lado de unos cabreros, quienes los acogen con agrado. En este momento, la novela incluye otra historia que interrumpe la narración central, que abarca desde el capítulo XI al XIV. En esta historia, los pastores no son propiamente pastores, ya que ambos son ricos herederos. Además, el joven estudió astrología y era muy acertado en sus predicciones. Los dos deciden irse a vivir al bosque, para apartarse del ruido y las gentes, y poder disfrutar así la belleza de la naturaleza. Es precisamente ésta, la que los une y a su vez, los separa. Allí mismo, donde él la conoció, yace ahora sepultado. Es probable que Grisóstomo se haya suicidado, pero Cervantes evita decirlo de esta forma. Marcela es displicente y desdeñosa.

Vemos en este episodio el modelo de novela pastoril, en esa época algo así como los "best sellers" de nuestro tiempo: todo el mundo las compraba. Cervantes hace un homenaje a este género novelístico. De otra parte, en el discurso de la propia Marcela, calificada por Ambrosio como fiera y basilisco, encontramos uno de los apartes más bellos de la obra. Leamos unos renglones:

"Hízome el cielo, según vosotros decís, hermosa, y de tal manera, que, sin ser poderosos a otra cosa, a que me amáis os mueve mi hermosura, y por el amor que me mostráis decís, y aun queréis, que esté yo obligada a amaros.

En su discurso, Marcela se defiende y reivindica el derecho a escoger libremente a su amado. Así lo entiende Don Quijote y por esto exige a todos que la dejen en paz.

Capítulo XV
Resumen

Cervantes inicia este capítulo refiriéndose nuevamente a lo que cuenta el tal Cide Hamete Benengeli. Don Quijote, después del entierro del pastor, se interna en el bosque con Sancho para ir en busca de Marcela. Caminan mucho pero no logran encontrarla y deciden descansar al pie de un arroyo; se recuestan y dejan suelto a Rocinante y al rucio, el jumento de Sancho.

Cerca de allí se encuentran a unos arrieros con sus yeguas; Rocinante se va tras ellas, pero estas lo reciben a patadas. Los arrieros también lo golpean y lo derrumban. Don Quijote y Sancho observan lo ocurrido y muy disgustados se acercan con ánimo de buscar pleito. Pero los arrieros son más de 20 y Sancho advierte a Don Quijote; sin embargo, como siempre, éste se obstina, no atiende los consejos de su escudero y ataca a los arrieros. De este trance salen los dos muy golpeados y maltratados; los arrieros huyen.

Sancho, a quien le duele todo el cuerpo por la golpiza, solicita a Don Quijote el bálsamo curativo y él promete conseguirlo. El pobre escudero se lamenta por todo lo que les ha ocurrido y promete no atacar a nadie más. Don Quijote le recuerda que será gobernador de la ínsula y que por lo tanto debe mostrarse valeroso. Lo consuela diciéndole que la vida de los caballeros está sujeta a mil peligros y sacrificios.

En medio de los lamentos, Sancho logra acomodar a Don Quijote sobre el jumento y se encaminan nuevamente; divisan una venta y Don Quijote dice que es un castillo. Sancho le contradice y discutiendo llegan a ese lugar.

Capítulo XVI

Resumen

Llegan a la venta y el dueño sale a ver qué ocurre; su esposa e hija ven a Don Quijote deshecho y lo atienden y curan. En la venta hay una mujer asturiana, tuerta, de nariz achatada, quien también ayuda a curarlo. Le preparan una cama no muy cómoda, con colchón y colchas rotas. Don Quijote se acuesta; la ventera y su hija hacen emplastos para sanar las heridas y luego interrogan a Sancho sobre lo que les ocurrió. Sancho responde con orgullo sobre quién es Don Quijote de la Mancha y sobre su gran valor. El herido agradece a la ventera por atenderlo en su "castillo", empleando palabras rimbombantes, que las mujeres no acaban de entender.

Maritornes, la asturiana, mujer de no muy buena reputación, se había citado a media noche con un arriero. La cama del arriero queda cerca a la de Don Quijote y Sancho. El hombre se acuesta a esperar a la mujerzuela, quien tiene fama de ser muy puntual. Don Quijote no puede dormir. La venta está oscura y silenciosa y en este silencio, Don Quijote ha dado rienda suelta a su imaginación; está convencido de que descansan en un castillo, de que la hija del rey se ha enamorado de él y que esa noche vendrá a su cama a enamorarlo. Al pensar en esto, ve que su honra está en peligro y que no puede ser desleal a su adorada Dulcinea.

En esos momentos entra Maritornes y Don Quijote, seguro de que va a ocurrir precisamente lo que está pensando, se sienta y en las sombras estira los brazos. Maritornes busca al arriero en la oscuridad y coge los brazos de Don Quijote, que la sienta en la cama y aunque no la ve, la imagina muy hermosa y refinada. Su locura le impide sentir el olor a ensalada del aliento de la mujer. Para él es la princesa que va en su busca.

Le dice mil cosas, que ella ni entiende, pero el arriero, que está muy atento, imagina que la mujer lo ha engañado y ataca brutalmente a Don Quijote. La cama se cae y se suscita un gran escándalo. Sancho, que ha despertado, se enfrenta con Maritornes a puños. El ventero enciende una vela y ve lo que ocurre; se arma entonces una gran pelea:

"Y así como suele decirse «el gato al rato, el rato a la cuerda, la cuerda al palo», daba el arriero a Sancho, Sancho a la moza, la moza a él, el ventero a la..."

Casualmente, se alojaba allí esa noche, un caballero de la Santa Hermandad y ordena cerrar la venta, creyendo que Don Quijote está muerto y que allí está el asesino.

Se retiran a sus aposentos, todo queda a oscuras y el pobre Don Quijote yace inconsciente tirado en el piso.

Capítulo XVII

Resumen

Don Quijote despierta y conversa con Sancho, mientras el cuadrillero busca una vela. Don Quijote cuenta a su escudero, en medio de gran sigilo, que esa noche ha venido a buscarlo una hermosa princesa, pero que ese castillo está encantado y un gigante lo ha golpeado. Sancho, muy aporreado, contesta que a él también lo ha atacado. El caballero de la Mancha comenta que deben preparar el bálsamo de Fierabrás.

Regresa el cuadrillero de la Santa Hermandad con una lumbre y al ver a los dos hombres conversando, pregunta a Don Quijote cómo está. Pero éste, muy alevoso, le dice que así no se le habla a un ilustre caballero; el hombre se disgusta y furioso lo golpea en la cabeza con el candil.

Sancho sale a buscar los elementos necesarios para preparar el bálsamo: aceite, vino, sal y romero. Don Quijote lo prepara y bebe; ésto le provoca un terrible vómito. Después logra dormir profundamente, y a las dos horas se levanta aliviado afirmando que el bálsamo milagroso lo mejoró. Sancho, buscando también mejorarse, imita a Don Quijote y bebe, pero el bálsamo le provoca gran malestar:

"En esto hizo su operación el brebaje y comenzó el pobre escudero a desaguarse por entrambas canales..."

Don Quijote explica a Sancho que el brebaje le ha sentado mal porque él no ha sido armado caballero. Sancho, que ya se siente bien, se levanta, ensilla a Rocinante y dando las gracias al dueño del castillo, se dispone a marcharse. El ventero cobra los servicios y la cena, pero Don Quijote explica que los caballeros no pagan el hospedaje.

El ventero cobra entonces a Sancho, pero éste tampoco paga y unos hombres que se encontraban allí, lo cogen como juguete, levantándolo con una manta, como si fuera una pelota de juego. Don Quijote se devuelve y observa lo que está pasando, pero no puede hacer nada. Por fin logran marcharse de aquel lugar sin haber pagado.

Comentarios capítulos XV, XVI y XVII

Los acontecimientos narrados en el capítulo XV difieren un poco de las aventuras anteriores. Don Quijote aquí no desfigura para nada lo que está ocurriendo. En esta oportunidad es Rocinante el que va en busca de las aventuras y por culpa del animal, salen todos maltratados. Don Quijote no delira ni imagina gigantes o encantadores. Al ver lo que ocurre con los yangüeses, reacciona con ademanes de caballero andante.

El término *yangüeses* quiere decir que son originarios de Yanguas en las actuales provincias de Soria y Segovia.

En éste mismo capítulo, Cervantes continúa haciendo gala de su profundo conocimiento de las obras de caballería, pero muy especialmente del *Amadís de Gaula,* que cita frecuentemente.

Al llegar a otra venta, en el capítulo XVI, nuevamente la confunde con un castillo, al ventero con el alcaide, a la ventera y su hija con refinadas damas.

En este capítulo ocurre el divertido y famoso episodio de la fea Maritornes, la mujerzuela de la venta, y el arriero. Este episodio, en época de la Inquisición fue calificado de inmoral y se prohibió su publicación. Pero en ediciones posteriores, se incluyó de nuevo.

Este tipo de encuentros clandestinos son muy frecuentes en los libros de caballería. Por ejemplo, en *El Amadís de Gaula,* donde se habla del encuentro nocturno entre el rey Perión y la infanta Elisena. De todas maneras, el episodio, hace de Maritornes una de las mujeres famosas de la obra de Cervantes: ocurre otro tanto con Marcela, personaje del relato pastoril de los capítulos XI a XIV.

Capítulo XVII

Resumen

Nuevamente en el campo Don Quijote y Sancho conversan acerca de lo ocurrido y Don Quijote afirma que aquel lugar estaba encantado. Sancho lo contradice e incluso le da el nombre del ventero, quien se llama Juan

Palomeque, El Zurdo. Algo cansado ya pide a su amo que regresen a la aldea en vez de andar de un lado para otro.

Continúan el camino y de pronto, ven venir, enfrentados uno hacia otro dos rebaños. Don Quijote en medio de su fantasía, con gran euforia afirma que se trata de dos poderosos ejércitos, dispuestos a enfrentarse en cruel batalla. Describe incluso con gran imaginación a los dos bandos combatientes: sus armas, sus escudos y hace una gran enumeración de los protagonistas.

Nuestro personaje decide intervenir en el combate a favor de uno de los bandos. Sancho le ruega y trata de convencerlo para que no lo haga, explicándole que se trata de ovejas y carneros; pero él no hace caso, arremete..., y claro es derribado por los pastores ¡a punta de piedra!

Don Quijote explica que los encantadores convirtieron los ejércitos en rebaños, sólo para humillarlo. Queda con las costillas maltratadas y sin algunas muelas, cosa que le duele mucho. Sancho maldice y promete regresar a su tierra.

Capítulo XIX

Resumen

Sancho trata de explicarse el porqué de todas las desgracias ocurridas: llega la noche y no tienen qué comer ni dónde dormir. De pronto, frente a ellos ven venir una multitud de luces. Sancho tiembla de miedo, mientras Don Quijote habla de una nueva aventura.

Ven entonces a unos hombres vestidos de blanco que resultan ser clérigos que llevan el cadáver de un hombre para sepultarlo en Segovia. Pero Don Quijote en su exaltación, afirma que llevan a un herido o muerto, y que él debe vengarlo. Agresivamente pregunta qué ha ocurrido, pero ellos llevan prisa y no le dan explicaciones: Don Quijote los ataca y todos huyen porque no llevan armas; excepto uno que cae herido, y es quien explica todo a nuestro personaje.

A la luz de la antorcha, Sancho observa el rostro de su amo y queda asombrado al verlo tan pálido y demacrado. Por este motivo lo apoda "El Caballero de la Triste Figura". A Don Quijote le agrada este nombre y decide adoptarlo como apelativo, al estilo de los caballeros andantes, que tomaban nombres semejantes.

Capítulo XX

Resumen

Cansados y muy hambrientos, Don Quijote y Sancho encuentran un lugar bajo unos árboles para descansar. De pronto escuchan un terrible estruendo, como de cadenas, hierros y agua. Sancho se asusta pero Don Quijote monta en Rocinante y se prepara con mucho valor, a enfrentar una nueva aventura; Sancho llora y ruega a Don Quijote que no vaya a ningún lado pidiéndole que espere al amanecer para investigar y promete contarle la historia de la Torralba.

Esta era una pastora de la que Lope Ruiz, otro pastor, estaba enamorado; pero por celos decidió dejarla y ella fue tras él. Sancho logra distraer a Don Quijote y así esperan al amanecer. Cuando pueden ver la causa del estruendo, resulta que eran seis mazos de un batán o máquina hidráulica, movida por el agua.

Comentarios capítulos XVIII, XIX y XX

En el capítulo XVIII encontramos nuevamente la fantasía de Don Quijote, que como en la aventura de los molinos de viento, convierte a dos inocentes rebaños en ejércitos dispuestos a brutal batalla.

Las detalladísimas y hermosas descripciones que hace Don Quijote de cada uno de los dos ejércitos, llaman poderosamente la atención:

"Aquel caballero que allí ves de las armas jaldes, que trae en el escudo un león coronado, rendido a los pies de una doncella, es el valeroso Laurcalco, señor de la Puente de Plata; el otro de las armas de las flores de oro, que trae en el escudo tres coronas de plata en campo azul, es el temido Micocolembo, gran duque de Quirocia..."

Y así encontramos más de tres párrafos donde las fantasías de Don Quijote se convierten en lo que él quiere ver; en su afán se las comunica al pobre escudero, mientras éste lo único que atina a decir es la verdad :

"No oigo otra cosa.-sino muchos balidos de ovejas y carneros".

En este caso la ironía de Cervantes está relacionada con una parte muy similar que aparece en varias obras de caballería, entre ellas *El Palmerín de Inglaterra.*

Hay incluso algunos comentarios de estudiosos del tema, en los que se afirma la posibilidad de un ataque a Lope de Vega, ya que en "La Arcadia" aparecen descripciones de héroes ilustres de gran parecido a los que Cervantes caracteriza en este episodio.

De otra parte, los hechos narrados en el capítulo XIX son también una réplica o parodia intencionada de un episodio de *El Palmerín de Inglaterra,* capítulo 76. Al leer éste, nos damos cuenta que la narración es casi idéntica en las dos obras.

Pero en este episodio vemos como Don Quijote al oír la explicación que le da el bachiller Alonso López, se muestra razonable y acepta que lo ocurrido fue fruto de las apariencias:

"El daño estuvo señor bachiller Alonso López, en venir como veníades, de noche, vestidos con aquellos sobrepellices, con las hachas encendidas, rezando, cubiertos de luto, que propiamente semejábades cosa mala y del otro mundo..."

En este mismo capítulo figura el sobrenombre de "El Caballero de la Triste Figura" que fue tomado por Cervantes de otro libro de caballerías, en el que ese personaje es el príncipe Deocliano. Al final de este capítulo, Don Quijote se refiere al personaje medieval de la leyenda española, Rodrigo Díaz de Vivar.

En el capítulo XX, lo más llamativo es el recurso utilizado por Sancho para retener a Don Quijote, quien se disponía a enfrentar el supuesto peligro por el ruido escuchado. Sancho logra distraerlo contándole una historia sin fin, que es la de la Torralba. Este cuento es conocido universalmente y se encuentra en varias colecciones literarias.

Capítulo XXI

Resumen

Aclarado el misterio de los batanes, Don Quijote y Sancho se disponen a buscar un lugar para protegerse de la lluvia, cuando Don Quijote ve venir un hombre que trae en la cabeza algo que relumbra como oro. Para él, es el preciado y anhelado yelmo de Mambrino, famoso en los poemas caballerescos italianos, según los cuales Montalbán lo había ganado al rey moro Mambrino.

De inmediato se dispone a apoderarse de la valiosa pieza. Pero la realidad es otra: el hombre que se aproxima es un barbero en su jumento, y para protegerse de la lluvia, se ha colocado sobre la cabeza la bacía de azófar brillante, que por estar muy limpia, brillaba extraordinariamente.

Sancho prefiere hacerse a un lado y dejar al caballero solo en esta nueva aventura; realmente es muy fácil para Don Quijote hacerse al yelmo, porque el barbero huye aterrado dejando la bacía tirada. Don Quijote muy contento se la coloca en la cabeza, mientra Sancho, que si sabe lo que es, ríe y se dispone a apoderarse del asno del pobre barbero; pero Don Quijote no se lo permite y lo único que puede hacer es cambiar los aparejos de los dos asnos.

A continuación, caballero y escudero sostienen una larga conversación, referente a las costumbres de la caballería.

Capítulo XXII

Resumen

Cervantes de nuevo, pone de presente la autoría del árabe Cide Hamete Benengeli, quien cuenta la siguiente aventura:

Don Quijote y su escudero se encuentran en el camino con un grupo de doce delincuentes que van encadenados y custodiados por los guardias. Sancho explica a Don Quijote que es gente detenida que va hacia las galeras, pero éste nuevamente va contra la realidad: afirma que los llevan a la fuerza. Pide explicación a los guardias: pero son los mismos presos quienes explican sus delitos. Hay entre ellos un tal Ginés de Pasamonte, condenado a diez años de prisión.

Don Quijote exige la liberación de los hombres y al no ser escuchado, ataca al guardia mientras todos los presos aprovechan para soltar sus cadenas. Cuando huyen, el Caballero de la Triste Figura les ruega que se presenten ante Dulcinea del Toboso como prueba de agradecimiento. Todos se niegan a hacerlo y él los insulta. Los hombres lo apedrean y huyen dejándolo maltrecho.

Comentarios capítulos XXI y XXII

Encontramos en estos capítulos dos de las más destacadas aventuras de Don Quijote de la Mancha. Una de ellas, la del yelmo de Mambrino, que por sencilla, es de las pocas en que el protagonista sale bien librado. Desde capítulos anteriores, Don Quijote había manifestado a Sancho su gran deseo de poseer el yelmo del rey moro Mambrino, de la obra *Orlando Enamorado,* a quien Reinaldos de Montalbán había ganado en terrible batalla.

De otra parte, la aventura de la liberación de los galeotes, es de las más famosas de *Don Quijote.* Uno de los objetivos de los caballeros andantes era, precisamente, liberar a los esclavizados. Sin embargo Don Quijote aquí no tiene en cuenta los principios legales de justicia y castigo a los malhechores, y resulta haciendo una verdadera "quijotada" o tremenda equivocación y ridículo. Ni Ginés de Pasamonte ni los demás liberados agradecen a Don Quijote.

Este personaje, Pasamonte, que aparece en la obra en varias oportunidades, parece estar inspirado en uno real e histórico, llamado Jerónimo de Pasamonte, soldado en Italia, combatiente en Lepanto y contemporáneo del mismo Cervantes.

Capítulo XXIII

Resumen

Después del desafortunado incidente con los prisioneros, Don Quijote y Sancho, temerosos de ser encontrados por la Santa Hermandad se internan en una parte de la Sierra Morena. Allí encuentran una maleta. Al abrirla hallan unas camisas, unas monedas y un libro. Leen algunos apartes y Don Quijote deduce por lo escrito, que debe pertenecer a un enamorado desdeñado. Al momento ven pasar a un hombre de larga cabellera, creen que es el dueño de la maleta, pero no logran alcanzarlo.

Más adelante se encuentran con un cabrero que les dice algo acerca de ese joven: vive desde hace algún tiempo en lo más escondido de la sierra. Al momento aparece el joven y se saluda cortésmente con Don Quijote.

Capítulo XXIV

Resumen

Continúa la conversación con el joven recién llegado, quien pide algo de comer y luego cuenta su historia. Su nombre es Cardenio, de noble linaje, hijo de padres adinerados; Luscinda se llama la mujer que ama desde niño; era correspondido hasta que ocurrió una desgracia.

Fue llamado al servicio de Fernando, hijo del Duque; este joven estaba enamorado de Dorotea, de condición más humilde. Pero después de poseerla, perdió el interés en ella y resultó enamorado de la mujer que amaba Cardenio, y con quien pensaba contraer matrimonio. Luscinda y su enamorado se convirtieron en las víctimas de la patraña que planeó Fernando, para quedarse con la joven, aún en contra de la voluntad de ella.

El relato de Cardenio se interrumpe porque Don Quijote interviene para hablar de las obras de caballería; Cardenio lo insulta, lo apedrea y lo deja allí tirado, internándose nuevamente en la sierra.

Capítulo XXV

Resumen

Don Quijote y Sancho se internan en lo más áspero de la sierra, pero Sancho decide despedirse y regresar al lado de su mujer y sus hijos, mientras Don Quijote piensa hacer penitencia en ese lugar. Le explica a su escudero cómo los más valiosos caballeros lo han hecho y cómo él debe imitarlos. Por ejemplo, el Amadís, en la isla Pena Pobre, desesperado por su amada Oriana, toma el nombre de Beltenebrós; o Roldán, quien también se flageló al saber que su amada Angélica lo engañaba.

Don Quijote dice a Sancho que lo debe acompañar durante tres días para que lo observe y después llevará una carta a su amada Dulcinea. Pero lo mejor de esta parte, es que Don Quijote confiesa a su escudero la verdadera identidad de Dulcinea. En efecto, Aldonza Lorenzo es bien conocida por Sancho como una mujer de su misma condición social. Don Quijote escribe dos cartas: una dirigida a su sobrina, con el fin de que entregue a Sancho tres de los cinco burros que ha dejado en la hacienda, como recompensa por la pérdida del rucio; y otra, llena de amor y dedicación, para su señora Dulcinea del Toboso, que en una de sus partes más significativas dice:

"Soberana y alta señora:

El ferido de punta de ausencia y el llagado de las telas del corazón, dulcísima Dulcinea del Toboso, te envía la salud que él no tiene. Si tu fermosura me desprecia, si tu valor no es en mi pro, si tus desdenes son en mi afincamiento, maguer que yo sea asaz de sufrido, mal podré sostenerme en esta cuita, que, además de ser fuerte, es muy duradera. Mi buen escudero Sancho te dará entera relación, ¡oh bella ingrata, amada enemiga mía!, del modo que por tu causa quedo: si gustares de acogerme; tuyo soy; y si no, haz lo que te viniere en gusto, que con acabar mi vida habré satisfecho a tu crueldad y a mi deseo. Tuyo hasta la muerte, El Caballero de la Triste Figura".

Don Quijote, solo en la sierra, divaga; no sabe si imitar a Roldán o al Amadís. Reza mucho y aguanta hambre. Mientras tanto Sancho llega a la venta con deseos de comer algo caliente; dos hombres que lo ven lo reconocen a él y también a Rocinante y le preguntan por Don Quijote; Sancho les explica dónde lo ha dejado y la misión que tiene de entregar la carta a Dulcinea.

Planean ir a rescatar a Don Quijote, y piensan en una parodia que lo obligará a regresar a su casa: una doncella afligida habrá de solicitar la ayuda de Don Quijote.

Comentarios capítulos XXIII, XXIV, XXV y XXVI

A partir del capítulo XXIII encontramos que nuevamente la historia central de la novela, se interrumpe: esta vez se cuenta la historia de los amores de Cardenio y Luscinda, y de Fernando y Dorotea, que habrá de quedar interrumpida, en parte, en el capítulo XXIV, para retomarla, en el capítulo XXVII y finalizarla en el XXXVI. Los personajes de este asunto intervendrán en las siguientes aventuras.

La historia se conoce a través de los relatos de Cardenio y Dorotea. Este relato puede significar la presencia de otro tipo de novela dentro de la novela. Así como la historia de Marcela y Grisóstomo, es la representación de la novela pastoril, la de estas dos parejas, representa la novela sentimental. Cervantes, entonces, sintetiza extraordinariamente en su obra los géneros novelísticos que imperaban en su época.

La historia de Cardenio inspiró una comedia de Shakespeare, titulada "The History of Cardenio", representada en Londres en 1613.

En el capítulo XXIV, vemos cómo Don Quijote, quien está muy atento escuchando el relato de Cardenio, pierde su momentánea tranquilidad cuando el joven menciona al Amadís. La reacción del muchacho es violenta, pues no actúa con entera normalidad, sino más bien como perturbado mental, debido a la pena de amor que padece.

En el capítulo XXV y XXVI aparece todo lo referente a la famosa penitencia de Don Quijote en la Sierra Morena, que más bien podría llamarse "demencia amorosa", ya que son muchos los desatinos que Don Quijote comete allí.

La carta que escribe Don Quijote, es fiel reflejo burlesco de las que aparecen en los libros de caballería: en *El Caballero de la Cruz,* en *Don Olivante de Laura* y en el conocido *Amadís.*

Hay un detalle que puede confundir la lectura de la edición de 1605 y es lo referente al burro de Sancho, ya que en una edición aparece Ginés de Pasamonte en la Sierra Morena y roba el asno al escudero. Por esta razón, cuando Sancho abandona este lugar, debe hacerlo encima de Rocinante. Como detalle curioso, encontramos la confesión de Don Quijote a Sancho sobre quién es Dulcinea, a lo que éste contesta:

"Bien la conozco- y sé decir que tira también una barra como el más fornido zagal de todo el pueblo. ¡Vive el Dador, que es moza de chapa, hecha y derecha, y de pelo en pecho, y que puede sacar la barba del lodo a cualquier caballero andante, o por andar, que la tuviera por señora! ¡Oh hideputa, que rejo que tiene y qué voz!"

Don Quijote confiesa lo que han sido sus amores:

"... mis amores y los suyos han sido siempre platónicos, sin extenderse a más que un honesto mirar. Y aun esto tan de cuando en cuando, que osaré jurar que en doce años que ha que la quiero más que a la lumbre de estos ojos que han de comer la tierra, no la he visto cuatro veces, y aun podrá ser que de estas cuatro veces, no hubiese ella echado de ver que la miraba".

Para Don Quijote el amor es siempre unilateral y se satisface a sí mismo. En realidad él no ama a una mujer de carne y hueso, sino a una imagen, a la personalidad ilusoria que de ella hace.

Y al amar en Dulcinea a la doncella ideal, casta, virtuosa, bella, discreta, de buena cuna y bondadosa, ¿cómo habría de ser el hombre enamorado de ella? Con las mismas cualidades: valeroso, caritativo, casto y sentimental, como lo fue y lo sigue siendo más allá de la muerte, el ilustre Don Quijote de la Mancha.

Los atributos reconocidos como supremos en tiempo del Don Quijote, son los de eterna vigencia para los enamorados: la belleza, la gracia, la honestidad y la virginidad; la buena condición social y la juventud. Don Quijote pinta a Dulcinea de manera muy expresiva así:

"... solo sé decir, respondiendo a lo que con tanto comedimiento se me pide, que su nombre es Dulcinea; su patria, el Toboso, un lugar de la Mancha; su calidad, por lo menos, ha de ser de princesa, pues es reina y señora mía; su hermosura sobrehumana, pues en ella se vienen a ser verdaderos todos los imposibles y quiméricos atributos de belleza que los poetas dan a sus damas: que sus cabellos son de oro, su frente campos Elíseos, sus cejas arcos del cielo, sus ojos soles, sus mejillas rosas, alabastro su cuello, mármol su pecho, marfil sus manos, su blancura nieve, y las partes que a la vista humana encubrió la honestidad son tales, según yo pienso y entiendo, que sólo la discreta consideración puede encarecerlas y no compararlas".

Capítulo XXVII
Resumen

El cura y el barbero se proponen llevar adelante sus planes para sacar a Don Quijote de la montaña; para ello, la ventera les presta algunas prendas de mujer. Parten hacia la sierra y por el camino Sancho les cuenta lo relacionado con Cardenio.

Acuerdan que Sancho vaya adelante y haga creer a Don Quijote que ya ha entregado la carta a Dulcinea. El cura y el barbero se quedan esperando noticias de Sancho y de pronto escuchan una voz que interpreta unos versos muy cultos:

"¿Quién menoscaba mis bienes?
Desdenes
¿Y quién aumenta mis duelos?
Los celos
¿Y quién prueba mi paciencia?

Ausencia
De este modo, en mi dolencia
ningún remedio se alcanza,
pues me matan la esperanza
desdenes, celos y ausencia".

Los dos quedan impresionados por la belleza de la voz y por el contenido de los cantos: se trata, nada menos que de Cardenio, quien les cuenta su historia. Así conocemos la parte que no dejó contar Don Quijote y es la siguiente:

Fernando, enamorado ya de Luscinda, al saber que Cardenio intenta casarse con ella, se propone separarlos y envía a su amigo a una misión, lejos. Como Cardenio se encuentra a su servicio, debe obedecer sin sospechar las intenciones del malvado Fernando. Éste aprovechando la ausencia de Cardenio, pide en matrimonio a Luscinda y la ceremonia se lleva a cabo.

Cardenio avisado de lo que ocurre, llega precisamente para presenciar la boda desde un rincón... Desde aquel día se internó en las soledades de las montañas, sin alimento ni distracción diferente a su sufrimiento de amor por Luscinda.

Al finalizar este capítulo, los tres hombres escuchan una voz lastimera que viene de un lugar cercano.

Capítulo XXVIII

Resumen

Al finalizar Cardenio su relato, escuchan voces lastimeras; se levantan a averiguar de dónde provienen. En un arroyo encuentran a una hermosa mujer, vestida de pastor, que cuando los ve intenta huir. El cura la tranquiliza y ella les cuenta su propia historia.

Su nombre es Dorotea, hija de ricos labradores, vasallos del duque de Andalucía quien tenía dos hijos: el menor llamado Fernando la había pretendido con miles de obsequios y detalles. Pero los padres de ella, presintiendo las malas intenciones del hijo del duque, advertían a su hija el peligro de perder su honra. Pero el muy villano se dio mañas para convencerla de que sus intenciones eran honradas y logró sus propósitos. Después de lo ocurrido, se alejó de ella dejándola engañada.

Mientras Cardenio escucha aquella historia, tiembla al darse cuenta de quién es aquella joven. Dorotea finaliza su relato contando que al verse deshonrada, huyó de su casa para ir tras de Fernando. Y así supo lo ocurrido el día de la boda de éste con Luscinda. Cardenio se entera que su amada había huido después de la ceremonia.

Capítulo XXIX

Resumen

Cardenio se identifica ante Dorotea y le dice que deben esperar que "el cielo les restituya lo que es de ellos". El cura y el barbero cuentan a la joven lo referente a Don Quijote y los planes para rescatarlo, a lo que ella responde que por haber leído muchas libros de caballería, conoce muy bien lo relacionado con el tema y que ella los ayudará actuando como princesa.

Saca de su maleta ropa muy fina y se adereza muy bien; todos se admiran de la belleza de la joven. Sancho, que ya ha regresado con noticias de Don Quijote, a quien ha encontrado flaco y hambriento, pregunta admirado quién es la joven. El cura explica que es la princesa Micomicona, quien ha venido en busca de Don Quijote para que la socorra de un "gigante" que la agravia y persigue.

Se encaminan y pronto encuentran al hidalgo caballero; Dorotea se arrodilla ante él, implorando su favor y protección. Don Quijote se muestra dichoso de poderla ayudar y se disponen a partir.

Capítulo XXX

Resumen

Continúan el camino y Dorotea o mejor, la princesa Micomicona, cuenta su propia historia, basándose en personajes de obras de caballería. Dice ser hija del rey Timacrio el Sabidor y de la reina Jaramilla, huérfana de padre y madre, y habla de su gran enemigo el gigante Pandafilando de la Fosca Vista. Don Quijote y Sancho están absolutamente convencidos de la veracidad de la historia, mientras el cura, el barbero y Cardenio se ríen y se admiran de la facilidad con que Dorotea la inventa.

Al final de este capítulo, Don Quijote pregunta a su escudero lo relacionado con la entrega de la carta y su encuentro con la amada Dulcinea.

Comentarios capítulos XXVII, XXVIII, XXIX y XXX

Al iniciar el capítulo XXVII, encontramos al cura y al barbero planeando cómo sacar a Don Quijote de la sierra; además se encuentran con el engañado Cardenio. Respecto a la historia de este personaje, el crítico Rodríguez Marín, considera que los personajes que figuran en ella corresponden a personajes reales. Parece ser que Don Fernando es Don Pedro Girón, segundo hijo del primer duque de Osuna; Dorotea fue doña María Torres, seducida por Pedro, quien no se casó con ella. Cardenio parece miembro de una familia cordobesa de apellido Cárdenas.

Con la presencia de estos personajes en la obra de Cervantes, nos encontramos con la inserción de asuntos diferentes a la trama principal, elemento que se dará durante toda la primera parte, publicada en 1605, pero que Cervantes evita en la segunda, publicada en 1616.

La historia de estas dos parejas, Cardenio y Luscinda, Fernando y Dorotea, se inicia en el capítulo XXIII y se prolonga, con algunas interrupciones hasta el capítulo XXXVI. La engañada Dorotea, al igual que Luscinda y Cardenio son víctimas de las artimañas del rico Don Fernando. El comportamiento de Fernando con Dorotea es el propio del personaje donjuanesco, que después de haber deshonrado a la joven la olvida.

En el capítulo XXVIII, en el relato de Dorotea, encontramos lo relacionado precisamente con la noche en que Fernando, ayudado por una doncella, penetró en la habitación de Dorotea. Esta parte puede llegar a asombrar al lector desprevenido por la sinceridad con que la joven cuenta al cura, al barbero y a Cardenio, a quienes no conoce, detalles de su seducción y su entrega a Fernando. Todo este relato fue censurado por la Inquisición en 1624.

Como detalle llamativo observamos, cómo para los jóvenes desengañados por amores, la solución frecuente es refugiarse en las montañas para vivir como pastores: esto ya lo habíamos advertido en el relato de Marcela y Grisóstomo: quieren encontrar en los bosques y en la naturaleza, consuelo a sus penas y amores.

De otra parte, Dorotea resulta ser una joven culta y leída -al menos conoce bastante sobre novelas de caballería-, ya que es capaz de inventar acertadamente la historia de la princesa, haciendo alusiones a personajes de estas obras y empleando adecuados arcaísmos.

Al final del capítulo XXX, cuando Don Quijote interroga a Sancho por el resultado de su encargo, se ve obligado a mentir e inventa una escena relativa a su encuentro con Aldonza Lorenzo.

Con relación al burro robado a Sancho, es necesario aclarar que en la segunda edición del *Quijote,* en este capítulo, hay un pasaje en el que aparece Ginés de Pasamonte montado sobre el asno. Sancho enfrenta al delincuente y lo insulta con palabras soeces. El galeote finalmente deja libre al rucio y Sancho muy emocionado, abraza al animal y le habla como si fuera una persona.

Capítulo XXXI

Resumen

Don Quijote interroga a Sancho con suma insistencia, sobre su entrevista con Dulcinea: quiere saber todos los detalles de la entrega de la carta que le envió. Pero todos sus interrogantes son contestados con respuestas ambiguas. Por ejemplo:

"Llegaste, ¿y qué hacía aquella reina de la hermosura? A buen seguro que la hallaste ensartando perlas o bordando alguna empresa con oro de canutillo para este su cautivo caballero".

A lo que Sancho responde:

"No la hallé sino ahechando dos hanegas de trigo en un corral de su casa".

O también:

"Pero no me negarás, Sancho, una cosa: cuando llegaste junto a ella, ¿no sentiste un olor a sabeo?, una fragancia aromática y un no sé qué de bueno, que yo no acierto a dalle nombre? Digo, ¿un tuho o tufo como si estuvieras en la tienda de algún curioso guantero?

Y la respuesta de Sancho es esta:

"Lo que sé decir es que sentí un olorcillo algo hombruno; y debía de ser que ella, con el mucho ejercicio, estaba sudada y algo correosa".

Pero Sancho miente porque nunca la ha visto.

Llegan a la venta, y allí se encuentra Don Quijote con el joven Andrés, a quien supuestamente había defendido del amo que lo maltrataba. El muchacho cuenta el terrible final de su historia y le ruega a Don Quijote que nunca lo vuelva a defender, en ninguna circunstancia.

Capítulo XXXII

Resumen

Dentro de la venta se encuentran con el ventero, su esposa, su hija y con la casquivana Maritornes. Le preparan un lecho a Don Quijote y éste se duerme profundamente. Mientras tanto, el cura comenta con los de la posada el motivo de la locura de Don Quijote; el ventero comenta que a él también le gustan las obras de caballería. Saca una maleta que contiene algunos libros y se los entrega al Cura. Allí aparecen unos manuscritos, titulados *Novela del Curioso Impertinente.* Después de leer algunas líneas, el Cura cree conveniente leer todo el relato.

Capítulo XXXIII

Resumen

Se inicia la narración de los manuscritos. En Florencia existieron dos amigos inseparables; ambos de familias nobles y ricas. Sus nombres eran

Anselmo y Lotario. Anselmo contrae matrimonio con Camila, joven muy hermosa y de grandes virtudes. Debido al matrimonio, Lotario decide visitar menos a su amigo para no importunar a los recién casados. Anselmo le reclama el distanciamiento, pero finalmente acepta las sabias razones de su amigo.

Un día Anselmo plantea a su amigo, las dudas que tiene con respecto a la bondad de su joven esposa: quiere ponerla a prueba, aunque la sabe pura y fiel. Para lograr sus propósitos, pide a su amigo que la pretenda; él facilitará los medios, solamente para ratificar la lealtad de su esposa. Lotario aterrado, trata de disuadirlo:

"Hase de usar con la honesta mujer el estilo que con las reliquias; adorarlas y no tocarlas. Hase de guardar y estimar la mujer buena como se guarda y estima un hermoso jardín que está lleno de flores y rosas, cuyo dueño no consiente que nadie la pasee ni manosee; basta que desde lejos y por entre las verjas de hierro gocen de su fragancia y hermosura".

Pero Anselmo no entiende razones y finalmente Lotario acepta la propuesta, aunque de mala gana.

Sin embargo, son tantos los encuentros que propicia Anselmo entre Camila y Lotario, que el espíritu de éste comienza a flaquear y nace en él un gran amor y pasión por ella, la esposa de su inseparable amigo.

Capítulo XXXIV
Resumen

Camila, desesperada por los requiebros de Lotario, escribe una carta a su esposo, quien se ha ausentado de la ciudad, rogándole que regrese cuanto antes. Lotario aprovecha la demora del amigo y adula tanto a Camila, que ella termina aceptando sus pretensiones.

Anselmo regresa y el engaño por parte de Camila y Lotario, continúa urdiendo su propia deshonra. Lotario afirma siempre a su amigo que Camila es honrada y leal. Pero Leonela, criada de Camila, se da cuenta de lo que en realidad está ocurriendo, y aprovecha esta situación de complicidad para citarse con su amante dentro de la misma casa. Una noche Lotario ve salir de su casa a un hombre que huye furtivamente; lleno de dudas, cree que es otro enamorado de Camila y enfurecido por los celos, decide contar el suceso a su amigo; más tarde se entera que el hombre que había visto, era el amante de la criada.

Los dos amantes preparan entonces una patraña para ser representada ante Anselmo; Camila resulta herida y Anselmo queda completamente seguro de la lealtad de su esposa.

Capítulo XXXV
Resumen

El Cura ya casi finalizaba la lectura de la novela, cuando Sancho muy alborotado, grita pidiendo ayuda para su amo. Según él, se encontraba luchando a muerte con un gigante al cual había cortado la cabeza. Todos corren a ver lo que sucede y encuentran a Don Quijote dormido, después de que ha roto a espadazos unos barriles de vino que el ventero guardaba en ese lugar. Casi no logran despertarlo, mientras Sancho, que sí está bien despierto, hace planes con la ínsula que le será adjudicada. No se sabe cuál de los dos está más loco: si Don Quijote o su escudero.

Por fin se calman y logran reiniciar la lectura, para conocer el final.

Anselmo y Camila continúan viviendo otros días en medio de aparente tranquilidad, hasta que Anselmo, en alguna ocasión, ve salir a alguien de la alcoba de Leonela, la criada. La amenaza y ésta, muy molesta, dice que más bien debería poner cuidado a su mujer y que al día siguiente le contará cosas que sí le interesarán. Camila, asustada, decide huir esa misma noche; busca a Lotario, pero este no la acompaña, sino que la lleva a un monasterio. Anselmo muere de tristeza, Lotario en una batalla, y Camila al saber todo esto, muere también.

Comentarios capítulos XXXI, XXXII, XXXIII, XXXIV y XXXV

La conversación de Sancho y Don Quijote acerca de la Princesa Dulcinea, representa toda una serie de antítesis. De un lado tenemos a Don Quijote, idealizando a Dulcinea; de otro lado encontramos a Sancho, mintiendo aunque tratando de humanizar a Aldonza Lorenzo, si bien es cierto, de una manera bochornosa y grosera. En el diálogo de su Quijote y escudero se halla claramente la antítesis entre idealismo (Don Quijote) y realismo (Sancho):

"- La hallaste ensarteando perlas..."
- No, ahechando dos hanegas de trigo".

- "Cuando le diste la carta, ¿besola?
- Ella estaba en la fuga del meneo de una buena parte del trigo..."

- "¿Qué te preguntó de mí?
- Ella no me preguntó nada".

Sin embargo todo lo que Sancho ha dicho a Don Quijote, es mera invención, puesto que él nunca ha visto personalmente a Aldonza, ni ha cumplido el encargo de la carta.

Más adelante nos encontramos nuevamente con otro relato intercalado, totalmente independiente de la acción principal. Los hechos se desarrollan incluso en otro ambiente diferente, en Florencia, un siglo antes de las aventuras de Don Quijote.

Es una narración de extensión breve, casi una novela. Desarrolla un conflicto, que lleno de elementos mágicos y caballerescos, se encuentra en el canto XLIII de la obra *Orlando Furioso,* de Ludovico Ariosto, también aprovechado por Cristóbal Villalón en la obra *Crotalón.* Este relato ha sido llevado al teatro en diferentes oportunidades.

En una parte de esta pequeña novela, surge el Cervantes poeta, autor de los sonetos que supuestamente escribía Lotario a una enamorada, llamada Clori. Uno de ellos, fue incluido por el autor en la obra *La casa de los celos:*

"En el silencio de la noche, cuando
ocupa el dulce sueño a los mortales,
la pobre cuenta de mis ricos males
estoy al cielo y a mi Clori dando"

Y al tiempo cuando el sol se va mostrando
por las rosadas puertas orientales,
con suspiros y acentos desiguales
voy la antigua querella renovando.

Y cuando el sol de su estrellado asiento
derechos rayos a la tierra envía
el llanto crece y doblo los gemidos.

Vuelve la noche, y vuelvo al triste cuento,
y siempre hallo, en mi mortal porfía,
al cielo, sordo; a Clori, sin oídos."

Las características de esta narración corresponden y son propias de algunas novelas ejemplares. Observamos la gran facilidad de Cervantes para jugar con las palabras; se nota sobre todo en los diálogos de Anselmo y Lotario y de Camila y Leonela; es curioso por ejemplo el alfabeto del amor:

"Él es, según yo veo y a mí me parece, agradecido, bueno, caballero, dadivoso, enamorado, firme, gallardo, honrado, ilustre, leal, mozo, noble, onesto, principal, quantioso, rico y las SS que dicen, y luego, tácito, verdadero. La X no le cuadra, porque es letra áspera; la Y ya está dicha; la Z, zelador de tu honra".

Vale la pena aclarar que en el anterior alfabeto, las grafías de algunas de las palabras, son diferentes a las actuales; en la edición original aparecen las grafías antiguas como *quantioso y zelador.*

La historia de Fernando y Luscinda y de Cardenio y Dorotea, interrumpida por la *Novela del Curioso Impertinente,* se resuelve en el capítulo XXXVI con la llegada casual de Fernando y Luscinda a la venta.

Capítulo XXXVI

Resumen

Casualmente llegan a la misma venta donde se encuentran todos reunidos, unos jinetes acompañados de una mujer que lleva el rostro cubierto. La escena es extraña: a ella se le ve suspirar y sollozar. Dorotea se conmueve con la mujer y se acerca a consolarla. Esta mujer resulta ser nada menos que Luscinda, la amada de Cardenio, y uno de los jinetes, que lleva también el rostro cubierto, es Fernando, el hombre que había engañado a Dorotea.

Los cuatro se sorprenden por este encuentro casual. Todos se miran y no saben que decir, hasta que Luscinda interviene para decir que ella se irá al lado de su amado Cardenio. Dorotea, de rodillas, implora a Fernando que la acepte como esposa o como esclava. Todos en la venta observan conmovidos esta escena. Fernando termina aceptando las razones de Dorotea. La abraza y le dice tiernas palabras de amor. Así cada uno queda por fin con su verdadera pareja. Con esto finaliza el capítulo.

Capítulos XXXVII y XXXVIII

Resumen

Continúan todos en la venta y el cura cuenta a Fernando acerca de Don Quijote y su locura. Fernando se interesa y entusiasmado dice que participará en la farsa para obligar a Don Quijote a regresar a su casa.

Sale Don Quijote y Fernando se muestra deseoso de conocerlo. Sancho, por su parte, le cuenta a Don Quijote la verdad sobre Dorotea y sobre los barriles de vino, pero éste lo insulta con palabras soeces y lo llama mentiroso. Conversan y repentinamente llegan a la venta un hombre y una mujer morisca, que no habla castellano. El hombre explica que es mora, pero cristiana deseosa de ser bautizada con el nombre de María. Las mujeres admiran la belleza de la mujer y de su traje; amablemente le ofrecen compartir su compañía. Se dispone la cena para todos. Mientras los demás comen, Don Quijote habla, y en un largo monólogo diserta sobre las armas y las letras:

"Quítenseme delante los que dijeren que las letras hacen ventaja a las armas; que les diré, y sean quien se fueren, que no saben lo que dicen. Porque la razón que los tales suelen decir y a lo que ellos más se atienen, es que los trabajos del espíritu exceden a los del cuerpo, y que las armas solo con el

cuerpo se ejercitan como si fuese su ejercicio oficio de ganapanes, para el cual no es menester más de buenas fuerzas, o como si en esto que llamamos armas los que las profesamos no se encerrasen los actos de la fortaleza, los cuales piden parar ejecutallos mucho entendimiento, o como si no trabajase el ánimo del guerrero que tiene a su cargo un ejército, o la defensa de una ciudad sitiada, así con el espíritu como con el cuerpo (...) Es el fin y paradero de las letras..., y no hablo ahora de las divinas, que tienen por blanco llevar y encaminar las almas al cielo; que a un fin tan sin fin como éste ninguno otro se le puede igualar: hablo de las letras humanas, que es su fin poner en su punto la justicia distributiva y dar a cada uno lo que es suyo, entender y hacer que las buenas leyes se guarden. Fin, por cierto, generoso y alto y digno de grande alabanza; pero no de tanto como merece aquel a que las armas atienden, las cuales tienen por objeto y fin la paz, que es el mayor bien que los hombres pueden desear en esta vida".

A estas razones todos lo escuchan con mucha atención sin tenerlo por loco.

"-Digo, pues, [prosigue Don Quijote] que los trabajos del estudiante son estos; principalmente pobreza (no porque todos sean pobres, sino por poner este caso en todo el extremo que pueda ser); y en haber dicho que padece pobreza me parece que no había que decir más de su mala ventura, porque quien es pobre no tiene cosa buena. Esta pobreza la padece por sus partes, ya en hambre, ya en frío, ya en desnudez, ya en todo junto; pero, con todo eso, no es tanta, que no coma, aunque sea un poco más tarde de lo que se usa; aunque sea de las sobras de los ricos, que es la mayor miseria del estudiante este que entre ellos llaman andar a la sopa; *y no les falta algún ajeno brasero o chimenea, que, si no calienta, a lo menos entibie su frío, y en fin, la noche duermen debajo de cubierta (...) Y veamos si es más rico el soldado. Y veremos que no hay ninguno más pobre en la misma pobreza, porque está atenido a la miseria de su paga, que viene o tarde o nunca, o a lo que garbeare [robare] por sus manos, con notable peligro de su vida y de su conciencia".*

Mientras arguye todo esto, se le olvida cenar y los que lo escucharon, muy asombrados por la validez de sus ideas, sienten lástima porque un hombre tan culto haya perdido el juicio.

Comentarios capítulos XXXVI y XXXVIII

Es famoso el discurso pronunciado por Don Quijote acerca de las letras y las armas. En él pone de manifiesto su agudo ingenio, su gran cultura literaria y sus grandes dotes de orador.

En todo el discurso parece existir mucha relación directa con la vida misma de Cervantes, quien fue militar y terminó como estudiante, es decir, escribiendo.

Capítulo XXXIX

Resumen

Se inicia el relato del cautivo que llega con su esposa morisca. Habla de su origen en las montañas de León, como hijo de hombre adinerado. Tuvo otros dos hermanos varones. Un día el padre los llamó y les comunicó una decisión que había tomado: vendería la hacienda y a cada uno de ellos le entregaría la parte correspondiente en dinero, para que la trabajaran como mejor les pareciera.

También los aconsejó para que trabajaran como mercaderes o al servicio del rey, en la guerra o como sacerdotes.

Los tres reciben su parte; cada uno elige una profesión diferente y se despiden dejando a su padre. Eso había pasado veintidós años atrás. El cautivo Ruy Pérez de Viedma, que así se llama el narrador de la historia, eligió el camino de la guerra y emprendió un largo viaje hacia Italia. De allí en adelante fueron muchas sus aventuras y desventuras, durante las cuales se encontró con muchos personajes, tales como el Duque de Alba, Diego de Urbina, Juan de Austria y otros, hasta que fue hecho prisionero en la Batalla de Lepanto.

También conoció a un tal Pedro de Aguilar, con quien estuvo trabajando, como esclavo del mismo patrón; este Pedro tenía gran disposición para la poesía y componía sonetos. Cuando Fernando escucha este nombre se asombra porque el mencionado era precisamente su hermano, cosa que a Ruy Pérez alegra mucho.

Capítulo XL

Resumen

Don Fernando declama los sonetos compuestos por su hermano, don Pedro de Aguilar: ambos hablan sobre temas de guerras y victorias, y soldados muertos en batalla.

El cautivo continúa su relato. Vino a Constantinopla buscando mejor fortuna y libertad al servicio de Azán Aga, quien llegó a ser rey de Argel. Allí fue encerrado en lo que los turcos llamaban baño, que era sencillamente una prisión para los cautivos cristianos, gente principal y caballeros. Conoció terribles torturas, pero según lo relatado, sólo se libró de los maltratos un tal soldado Saavedra, a quien el amo de la prisión jamás llegó a torturar.

Pero un día, alguien de una casa vecina, le envió unas monedas y le hizo señas con las manos; el cautivo se alegró mucho al recibirlas y pensó que en esa casa habría alguna cautiva. Allí vivía un tal Agi Morato. Días más tarde, nuevamente le envían monedas y una carta escrita en arábigo; él la hace traducir y, sorprendido, se entera del contenido. La que envía todo el dinero es una joven mora, que quiere convertirse al cristianismo y desea huir de esa casa, que es la de su padre. Le propone que la ayude y que después se convertirá en su esposa. Él, muy contento, contesta prometiéndole que la ayudará. Su nombre es Zoraida, hija única y heredera de la gran fortuna de su padre; es muy hermosa y varios hombres han pedido su mano, pero ella no ha aceptado a ninguno.

Planean entonces todo para huir. Con el dinero de Zoraida compran una embarcación y define detalles para escapar de los baños de Argel y llevar a Zoraida con él.

Capítulo XLI

Resumen

A los quince días estaban listos para la fuga; el cautivo logra salir de la prisión y se entrevista por unos minutos con Zoraida para comunicarle todo. Llegado el día previsto, la saca de su casa y logran escapar, acompañados de un grupo de españoles. La joven lleva consigo muchas joyas y dinero. Quiere la casualidad entrometida que el padre se despierte: deben amarrarlo y llevarlo con ellos una buena parte del viaje, hasta que Zoraida se ve obligada a decirle la verdad sobre su huida con los cristianos. El padre, enfurecido, los maldice. Deben entonces dejarlo en tierra y continuar el viaje. No han avanzado mucho cuando son atracados por unos franceses que roban casi todo lo que llevan.

Logran llegar a unas tierras, que son precisamente de un tío del cautivo. Son bien recibidos y atendidos, hasta que deciden continuar el viaje en busca del padre y los hermanos de Ruy Pérez. Esta es la historia que el hombre cuenta a todos los que están en la venta, admirados por la belleza de Zoraida.

Comentarios capítulos XXXIX, XL y XLI

Estos tres capítulos, por cierto muy extensos, abarcan todo el relato que hace el cautivo acerca de su propia historia.

Es casi otra novela dentro de la novela del *Quijote*. Una historia que narra las aventuras de un español preso en Argel (como lo fue el mismo Cervantes Saavedra), quien al parecer durante su permanencia en ese lugar, recogió gran información sobre la mujer mora del relato. En otra obra de Cervantes, *Los Baños de Argel*, hay elementos muy similares a los de la historia del cautivo.

La mayoría de los personajes citados son históricos y aparecen descritos detalladamente. Zoraida, por ejemplo, cuyo nombre era Zahara, era hija de Hajji Murad de quien Cervantes habla como un hombre de bien en la obra mencionada. Zoraida se casó en el año 1574 con un sultán de Marruecos, que murió en 1578. Tuvieron un hijo. Pero ella se volvió a casar y vivió en Constantinopla.

El extenso relato del cautivo incluye además, muchos datos históricos: se refiere por ejemplo, al Duque de Alba y sus ejércitos; a Juan de Austria, a la Batalla de Lepanto, en la que el mismo Cervantes participó. En otra parte del relato, el cautivo habla sobre un preso a quien el jefe de la prisión no maltrataba ni insultaba: este preso no es otro que el mismo Cervantes. Igualmente es real Azán Aga, segundo marido de Zoraida, quien gobernó en Argel de 1577 a 1580, y el cual perdonó a Cervantes tres veces durante su cautiverio.

Resumiendo, estos tres capítulos incluyen datos netamente autobiográficos, resultado de los largos años que Cervantes pasó en los baños de Argel, donde al parecer escribió muchos de los relatos que forman parte de esta obra. Finalmente en Ruy Pérez, el cautivo, Cervantes quiso retratar con mucho realismo a su amigo Alonso López, quien también fue cautivo.

Capítulo XLII

Resumen

Al finalizar el cautivo su relato, Fernando se ofrece a ayudarlo y lo mismo hacen todos los demás, que han quedado fascinados con la historia.

Llegada la noche se acercan unos hombres a la venta, pidiendo posada para un Oidor; la ventera los recibe gustosa. Con él viene una joven muy bella, aproximadamente de 16 años. Don Quijote les da la bienvenida con palabras de alabanza para la joven, por lo cual el Oidor se sorprende y lo mira extrañado. Se da cuenta, también, que casi todos los que se encuentran en ese lugar, son gente de bien y se alegra por su hija. Las mujeres se retiran a un cuarto y los hombres acuerdan quedarse afuera.

El Oidor, llamado Juan Pérez de Viedma, resultó ser el hermano del cautivo, pero este no sabe como comunicárselo y el cura promete ayudarlo. De esta manera, le cuenta al Oidor datos relacionados con un preso de Argel, llamado Ruy Pérez de Viedma y toda su historia. El Oidor al escucharla, muy emocionado, da gracias al cielo por tener noticias de su hermano mayor. El cura los presenta y ellos dos se abrazan y se dicen muchas palabras afectuosas.

Don Quijote observaba todo en silencio y se ofrece a vigilar la venta durante la noche. Al amanecer, todos despiertan con una serenata que interpreta un joven de hermosa voz.

Capítulo XLIII

Resumen

Todos atentos, escuchan la canción:

"Marinero soy de amor,
y en su piélago profundo
navego sin esperanza
de llegar a puerto alguno.

"Siguiendo voy a una estrella
que desde lejos descubro
más bella y resplandeciente
que cuantas vio Palinuro".

Dorotea emocionada con los cantos, despierta a Clara, la hija del Oidor, para que escuche, pero ésta, algo enojada, no desea escuchar nada y se tapa los oídos. La serenata continúa y Clara solloza y confiesa a Dorotea quién es el supuesto mozo de mulas, que no es tal, sino el hijo de un caballero que está enamorado de ella. Dorotea la tranquiliza diciéndole que al día siguiente la ayudará.

Todos duermen, menos Maritornes y la hija de la ventera, que deciden hacerle una broma a Don Quijote, quien ahora invoca a Dulcinea con extrañas palabras. La hija de la ventera lo llama desde un agujero y Don Quijote. nuevamente sintiéndose en un castillo y pensando en la doncella que lo enamora, le contesta. Ellas continúan con la broma y finalmente el pobre caballero, encaramado en su caballo, trata de alcanzar la mano de la "doncella", pero las mujeres lo amarran y lo dejan allí. Don Quijote, seguro de que es víctima de otro encantamiento, llama a algunos sabios para que lo ayuden.

Al amanecer llegan unos hombres a la venta. Rocinante se mueve y Don Quijote queda colgado de la muñeca, cosa que le ocasiona un gran dolor.

Capítulo XLIV

Resumen

Maritornes despierta y escucha los gritos de Don Quijote; lo desata y el buen viejo cae al suelo. Llegan unos hombres que preguntan por el supuesto "mozo de mulas". Explican que son criados y que el padre del joven lo había mandado buscar.

Clara y Dorotea escuchan: los hombres desean llevarse a Luis, que así se llama, a la fuerza. Se despiertan todos y el Oidor habla con el joven. Mientras tanto, dos hombres tratan de irse de la venta sin pagar los servicios y el ventero que trata de detenerlos, es atacado y golpeado por ellos; piden ayuda a Don Quijote y éste sale al encuentro de los huidizos viandantes y los convence de que paguen al ventero.

El joven Luis confiesa al Oidor el gran amor que siente por Clara y sus deseos de hacerla su esposa. El Oidor no sabe qué contestar; mientras esto ocurre, entra en la venta el barbero a quien Don Quijote había quitado la bacía y Sancho los aparejos del burro. Al reconocerlos el barbero los impreca duramente como ladrones. Reclama sus pertenencias, pero Don Quijote contesta que la bacía es el famoso yelmo de Mambrino.

Sancho, para evitar problemas de nominación, termina definiendo al artefacto como el "baciyelmo".

Capítulo XLV
Resumen

Prosigue la discusión sobre el yelmo. El Cura, Fernando, Cardenio, el otro barbero y los demás, aseguran que es un yelmo y no una bacía. El barbero se enfurece y comienza una gran pelea; en esos momentos llegan a la venta los cuadrilleros de la Santa Hermandad a quien Don Quijote había confundido como delincuentes, y se arma, ahora sí, el gran alboroto:

"El Cura daba voces, la Ventera gritaba, su hija se afligía; Maritornes lloraba, Dorotea estaba confusa; Luscinda, suspensa y doña Clara desmayada. El barbero aporreaba a Sancho; Sancho molía al barbero; Don Luis, a quien un criado suyo se atrevió a asirle el brazo porque no se fuese, le dio una puñada que le bañó los dientes en sangre; el Oidor lo defendía, don Fernando tenía debajo de sus pies a un cuadrillero midiéndole el cuerpo con ellos muy a su sabor..."

Don Quijote afirma que todo no es más que un encantamiento, y grita:

"Ténganse todos; todos envainen; todos se sosieguen; óiganme todos, si todos quieren quedar con vida".

Uno de los cuadrilleros identifica a Don Quijote como el culpable de la fuga de los galeotes y lo quiere apresar, ya que hay orden de arresto contra él. El Caballero de la Triste Figura contesta con mil insultos y razones de caballería.

Comentarios capítulos XLII, XLIII, XLIV y XLV

En estos capítulos, Cervantes continúa hilando una historia con otra y convirtiendo al personaje principal, en muchas oportunidades, casi en un simple espectador de todo lo que ocurre a su alrededor. Además cada vez son más los personajes que se van sumando a la trama de la obra.

El gran sitio de reunión de los protagonistas de los sub-relatos, si bien los pudiéramos denominar así, es la venta; poco a poco el ventero y su familia se convierten en testigos presenciales de todo cuanto acontece a unos y otros; poco a poco se van resolviendo los conflictos planteados en los relatos de cada uno: allí en la venta se reeencuentran las dos parejas de enamorados Fernando y Dorotea, y Cardenio y Luscinda; allí se reune el cautivo con su hermano el Oidor; allí llega Luis, el enamorado de Clara. Pero además, allí también continúan las aventuras del propio Don Quijote. Reaparece el barbero a reclamar su bacía y también aparecen los Cuadrilleros de la Santa Hermandad en busca del culpable de la fuga de los galeotes.

La venta es, pues, el lugar donde se dan el clímax y el desenlace de tres o cuatro relatos. Cervantes quiso reunir en este sitio a más de quince personas relacionadas con la acción de la obra; de otro lado, es allí donde se lee la novela del "Curioso impertinente". También en este lugar se discute el rescate de Don Quijote y el plan para regresarlo a su aldea.

Capítulo XLVI

Resumen

El cura trata de convencer a los cuadrilleros de la falta de juicio de Don Quijote. Todos se calman y los cuadrilleros a su vez sosiegan al barbero. Fernando paga las deudas de Don Quijote y éste desea entonces continuar su viaje, y enfrentarse al gigante que persigue a la princesa Micomicona (Dorotea). Pide a Sancho que se apresure a ensillar a Rocinante, y el escudero ofuscado le cuenta que la tal princesa se ha estado besando con uno de los que están allí. Don Quijote, se enfurece a oír a Sancho:

"- ¡Oh bellaco, villano, mal mirado, descompuesto, ignorante, infacundo, deslenguado, atrevido, murmurador y maldiciente! ¡Tales palabras has osado decir en mi presencia y en las destas ínclitas señoras!... ¡Vete de mi presencia, monstruo de naturaleza, depositario de mentiras, almario de embustes, silo de bellaquerías, inventor de maldades, publicador de sandeces, enemigo del decoro que se debe a las reales personas! Vete: no parezcas delante de mí, so pena de mi ira!"

Logran calmarlo para que perdone a Sancho y deciden partir. Luego enjaulan a Don Quijote, se disfrazan y lo suben a la carreta. Sancho observa todo sin saber qué decir.

Capítulo XLVII

Resumen

Don Quijote, desorientado por lo que está pasando, piensa que en todas las obras de caballería que conoce, jamás había leído de algún caballero que lo encanten de esa manera.

Llaman al ventero y se despiden de él; éste entrega al Cura la maleta que contiene la novela del "Curioso impertinente" y le pide que se la lleve. Allí encuentra también la novela de *Rinconete y Cortadillo*.

Emprenden el camino y se encuentran con unos canónigos, que preguntan por qué llevan de esa manera a Don Quijote, y él mismo contesta que son los encantadores, quienes lo tienen apresado. Luego el Cura y uno de los canónigos inician una larga conversación sobre libros de caballería.

Capítulo XLVIII

Resumen

Continúa la conversación del cura con el canónigo toledano; además de las obras de caballería, resultan también hablando de obras de teatro de autores españoles conocidos. Se citan a Lope de Vega, a Cervantes y a otros escritores.

Sancho conversa con Don Quijote y trata de convencerlo de que los disfrazados son el Cura y el Barbero, y que ellos lo llevan enjaulado. Don Quijote no cree nada de lo que Sancho dice, y le habla nuevamente del encantamiento de que son víctimas.

Capítulo XLIX

Resumen

Don Quijote sigue creyendo que todo lo que le ocurre es producto del encantamiento. El canónigo se acerca a Don Quijote y le habla sobre su locura, ocasionada por las obras de caballería, citándole algunas de ellas. Don Quijote lo escucha con mucha atención, y contesta:

"Paréceme, señor hidalgo, que la plática de vuestra merced se ha encaminado a querer darme a entender que no ha habido caballeros andantes en el mundo y que todos los libros de caballería son falsos, mentirosos dañadores e inútiles para la república, y que yo he hecho mal en leerlos, y peor en creerlos y más mal en imitarlos".

El canónigo contesta afirmativamente, y continúa así un extenso diálogo donde Don Quijote cita muchísimas obras de caballería. Su interlocutor se admira cada vez más de este curioso personaje.

Capítulo L
Resumen

Don Quijote y el canónigo ahora discuten sobre la veracidad de los hechos ocurridos en las obras de caballería, y de las bondades de este tipo de lecturas. Don Quijote Habla de la habilidad de Sancho, su escudero, y de la ínsula que éste gobernará, a lo que Sancho interviene para rogar a Don Quijote que ojalá se cumpla eso con prontitud.

Se sientan a la sombra de un árbol para comer; de pronto llega un cabrero que persigue una cabra a la que llama Manchada.

Comentarios capítulos XLVI, XLVII, XLVIII, XLIX y L

El hecho de enjaular a Don Quijote para llevarlo de regreso a su hacienda, no es inventado por Cervantes. Un caso similar es motivo de una de las más antiguas novelas de caballería, el *Chrétien de Troyes,* en la que Lancelot, el protagonista, es llevado en una carreta que conduce un enano. Esto representaba una deshonra ya que, como dice Chrétien, en carretas semejantes se ofrecían a la vergüenza los malhechores. Dicho motivo fue muy conocido y seguramente Cervantes lo tuvo presente al escribir el regreso de Don Quijote a su casa.

En estos capítulos hallamos la extensa conversación que sostiene Don Quijote con el canónigo, personaje a quien encuentran por el camino, cuando van de regreso a la hacienda de Don Quijote. En el diálogo se manifiesta, una vez más, los profundos conocimientos de Cervantes sobre literatura, y en particular sobre las obras de caballería. Se hacen también consideraciones relativas al teatro, en las que se defiende la comedia de tipo renacentista, que el mismo Cervantes cultivó. Otras observaciones se refieren al dramaturgo Lope de Vega, famoso en ese momento.

Capítulo LI
Resumen

Se inicia con un relato contado por Eugenio, el cabrero. Es el siguiente:

En una aldea cercana vivía un labrador que tenía una hija muy hermosa y virtuosa, de diceciséis años llamada Leandra. La fama de la belleza de esta niña fue difundida por todas partes y muchos fueron los pretendientes que se presentaron. El cabrero era uno de ellos, y no disgustaba al padre o a la joven; pero al mismo tiempo se presentó otro pretendiente del mismo pueblo, llamado Anselmo, y el padre decidió que fuera la misma Leandra quien tomara la decisión.

Por esos días llegó al pueblo Vicente de la Rosa, hijo de un labrador de la misma aldea; éste, que era soldado, lucía cada día prendas diferentes, llenas de dijes y cadenas que impresionaron a la gente del pueblo. Narraba además todas sus hazañas de viajes y batallas y también tocaba la guitarra y parecía poeta.

Leandra se enamoró de éste y huyeron, mientras allí todos quedaron alarmados. Los que salieron a buscarla, la encontraron tres días después en una cueva del monte, medio desnuda y sin las joyas que había sacado de la casa de su padre. Ella confesó su culpa y la forma como Vicente la había engañado, y dijo que no la había deshonrado. El padre la llevó a un monasterio y allí la dejó encerrada, mientras Eugenio y Anselmo decidieron refugiarse en ese valle, cuidando ovejas y cabras y recordando a la hermosa Leandra. Otros pretendientes hicieron lo mismo, pero algunos la recuerdan maldiciéndola. Se escucha el nombre de Leandra por todo el valle.

Comentario

Se encuentra en este capítulo la última narración intercalada en *Don Quijote* y es la historia de Leandra y Vicente de la Rosa. De ambiente pastoril, al igual que la historia de Marcela y Grisóstomo, pero sin la fuerza ni la belleza de ésta.

Capítulo LII

Resumen

Todos escuchan el relato del cabrero con mucha complacencia, especialmente Don Quijote, pero el cabrero se refiere a él como "desquiciado". El caballero andante se enoja y lo insulta con palabras soeces, luego se golpean rudamente, mientras el Cura y el Canónigo observan inertes lo que ocurre.

De pronto se escuchan unas trompetas y Don Quijote piensa en una nueva aventura. Viene un desfile de personas que visten camisas blancas y rezan con los brazos abiertos. Don Quijote cree que la imagen cubierta que llevan es una mujer; rápidamente monta sobre Rocinante y se dispone a defenderla, mientras Sancho le grita que la imagen es de la Virgen y que la marcha es tan solo una procesión religiosa.

Don Quijote los enfrenta y exige que dejen libre a la dama y todos se ríen tomándolo por loco, pero se alistan para defenderse: uno de ellos lo golpea fuertemente. El Cura logra explicar lo que sucede y continúan el camino hacia la hacienda a donde llegan seis días más tarde.

La sobrina y el ama se alegran mucho al ver a Don Quijote. También la mujer de Sancho, quien lo interroga con insistencia sobre sus aventuras como escudero. El Cura hace recomendaciones a la sobrina, para que Don Quijote no vuelva a salir.

El autor finaliza este último capítulo, refiriéndose a los archivos donde había buscado acerca de la tercera salida de Don Quijote. Hace alusión a unos sonetos encontrados allí dedicados a Dulcinea, a Sancho, a Don Quijote y finalmente los epitafios de Don Quijote y Dulcinea.

Cervantes finaliza esta parte de la obra, refiriéndose a una posible tercera salida de Don Quijote.

Comentario

En el capítulo final, antes de llegar a su hacienda, Don Quijote encuentra una nueva aventura ("los encamisados'), de algún parecido a la del capítulo XIX.

Finaliza esta primera parte de la novela con poemas jocosos atribuidos a los académicos de Argamasilla, lugar de La Mancha. Por esta razón se supone que sea éste el lugar de origen de Don Quijote. Estos poemas, similares a algunos que hay al principio de Don Quijote, sugieren la posibilidad de que la academia citada no sea sino un disfraz burlesco de unos amigos de Cervantes, que podrían haberlos redactado.

Por último, el solo hecho de que Cervantes dejara enunciada una posible tercera salida de Don Quijote, preparó, seguramente, el terreno para que un ladrón de ideas literarias (Alonso Fernández de Avellaneda), se apropiara del argumento y decidiera continuar las aventuras del famoso personaje. Este desdichado altibajo provocó en Cervantes gran indignación y lo llevó a publicar la verdadera segunda parte del *Ingenioso Hidalgo Don Quijote de la Mancha.*

Esto permite aclarar los motivos de la división que hace Cervantes a la publicación de 1605, donde la obra originalmente está organizada en cuatro partes, que abarcan cincuenta y dos capítulos.

El Quijote de Avellaneda

Don Quijote fue un "best-seller" en su época. Muchas personas de todas las condiciones sociales lo compraron y disfrutaron con su lectura. Pero en su caso no cumplió el dicho que dice: "Nunca segundas partes fueron buenas", pues fueron muchos los lectores que quedaron con deseos de continuar leyendo nuevas aventuras de Don Quijote y su escudero. Se esperaba una segunda parte de la obra, pero su autor demoraba mucho en finalizarla y publicarla. Y así como hoy estamos acostumbrados -sobre todo con películas de cine- a soportar El Padrino II, III; Psicosis II, III, y Rocky II, III, IV y V..., así pasó con Don Quijote: un escritor mediocre aprovechó el éxito y expectativa que había suscitado la primera parte de la obra, y publicó una segunda parte (un precedente para los casos de piratería editorial y robo de derechos de autor).

El profesor español Martín de Riquer, especialista en la obra cervantina, da una serie de datos interesantes sobre el "falso Quijote", que por su carácter didáctico, creemos conveniente incluir antes de iniciar los resúmenes y comentarios de la segunda parte del *Quijote* de Cervantes:

"Un año antes de publicarse la segunda parte del *Quijote* escrita por Miguel de Cervantes, apareció un libro con pie de imprenta de Felipe Roberto, de Tarragona, 1614, con el siguiente título: *Segundo Tomo del Ingenioso Hidalgo don Quijote de la Mancha, que contiene su tercera salida y es la quinta parte de sus aventuras, compuesto por el Licenciado Alonso Fernández de Avellaneda, natural de la villa de Tordesillas* (téngase en cuenta que se dice que es la "quinta parte" de las aventuras de Don Quijote porque Cervantes había dividido el primer tomo en cuatro partes).

"En este [falso] segundo tomo se narran nuevas aventuras de Don Quijote y Sancho a partir del momento en que llegan a su aldea (aquí identificada como Argamasilla) unos caballeros granadinos que se encaminan a Zaragoza para participar en unas justas. Uno de ellos, don Alvaro Tarfe, se aloja en casa de Don Quijote y ambos departen amistosamente hasta que aquél descubre la locura de éste, que al día siguiente decide volver a emprender la vida caballeresca y asistir a las justas zaragozanas. Don Quijote sale con Sancho Panza y adopta el nombre de El Caballero Desamorado, ya que ha renunciado al amor de Dulcinea.

"En Zaragoza después de haber sido encarcelado, Don Quijote toma parte en las justas y gana el premio. Camino de Alcalá se incorpora a la pareja una desagradable mujer, Bárbara, a quien Don Quijote llama la reina de Cenobia. El hidalgo tiene grotescas aventuras en Alcalá y en Madrid, donde Sancho se queda sirviendo a un marqués. Don Alvaro Tarfe recluye finalmente a don Quijote en la casa de locos de Toledo.

"El autor de esta continuación ha llevado a Don Quijote a las justas de Zaragoza porque ello lo anuncia Cervantes en la primera parte de la novela, y ha hecho del protagonista caballero desamorado porque evidentemente no ha comprendido el personaje de Dulcinea o no se ha visto capaz de mantener tan sutil invención. Como en la primera salida del Quijote auténtico, el creado por Avellaneda sufrirá constantes desdoblamientos de personalidad, y creerá ser Bernardo del Carpio, el Cid, Fernán González, Aquiles, Fernando el Católico, etc.

"La obra está escrita con indudable gracia y encierra méritos no despreciables, tiene episodios acertados a incluso algunos graciosos, pero como sea que el lector no puede evitar la constante comparación con el *Quijote* de Cervantes, forzosamente se siente defraudado a cada paso y advierte la gran distancia que media entre la obra auténtica y la apócrifa. La figura de Sancho Panza, sobre todo, es en Avellaneda un remedo exagerado del tipo cervantino.

"El hecho de que un escritor continúe una obra empezada por otro no es un fenómeno raro en la literatura española, donde hallamos la *Diana* de Jorge Montemayor continuada desarcertadamente por Alonso Pérez y con gran acierto por Gil Polo, donde la *Celestina* es objeto de una segunda y una tercera parte y el *Lazarillo de Tormes* de dos continuaciones, una anónima y otra de Juan de Luna.

"En la literatura caballeresca el fenómeno era muy corriente, y el mismo Montalvo, con *Las sergas de Esplandián,* no hacía más que continuar el *Amadís de Gaula,* que él mismo había refundido. No obstante, en el caso de Avellaneda la continuación encierra cierto fraude, ya que el continuador se esconde bajo seudónimo (como hizo el valenciano Juan Martí cuando, con el seudónimo de Mateo Luján de Sayavedra, publicó una segunda parte apócrifa del *Guzmán de Alfarache)* y hace preceder su obra de un prólogo lleno de insultos a Cervantes. Éste le responde en la dedicatoria al Conde de Lemos y en el prólogo y capítulos 59, 62, 70, 72 y 74 de su segunda parte.

"Avellaneda empieza diciendo que su prólogo será «menos cacareado y agresor de sus lectores que el que a su primera parte puso Miguel de Cervantes Saavedra»; que unos de los medios que tomó éste para atacar los libros de caballería fue «el ofender a mí, particularmente a quien tan justamente celebran las naciones más extranjeras y la nuestra debe tanto, por haber entretenido honestísima y fecundamente tantos años los teatros de España con estupendas e innumerables comedias, con el rigor del arte que pide el mundo, y con la seguridad y limpieza que de un ministro del Santo Oficio se debe esperar», diáfana alusión a Lope de Vega. Añade Avellaneda que su segunda parte está amenizada «con las simplicidades de Sancho Panza, huyendo de ofender a nadie ni de hacer ostentación de sinónimos voluntarios», lo que significa que se ha encontrado aludido en el *Quijote* de Cervantes. Trata a éste de viejo mal contentadizo y murmurador y hace juegos de palabras sobre la mano herida o anquilosada del escritor.

"Cervantes, en el prólogo de su segunda parte, contesta a los insultos y reticencias de Avellaneda: «Lo que no he podido dejar de sentir es que me note de viejo y de manco, como si hubiera salido de mí, o si mi manquedad hubiera nacido en alguna taberna, sino en la más alta ocasión que vieron los siglos pasados, los presentes, ni esperan ver los venideros». Protesta de que lo llame envidioso, y refiriéndose a Lope de Vega, escribe: «No tengo yo de perseguir a ningún sacerdote, y más si tiene por añadidura ser familiar del Santo Oficio; y si él lo dijo por quien parece que lo dijo, engañóse de todo en todo; que del tal adoro el ingenio, admiro las obras, y la ocupación continua y virtuosa». Hay en estas últimas seis palabras una reticencia llena de mala intención, ya que era pública y notoria la vida desordenada que, a pesar de los hábitos, llevaba Lope.

"Cervantes afirma que el autor del *Quijote* apócrifo encubrió su nombre y fingió su patria, con lo que nos revela que ni se llamaba Alonso Fernández de Avellaneda ni era natural de Tordesillas. Más adelante dice que «el lenguaje es aragonés, porque tal vez [o sea: "algunas veces"] escribe sin artículos» (II, 59), afirmación cuyo alcance es difícil de medir, ya que suprimir los artículos no es característica dialectal aragonesa.

"Realmente, en el *Quijote* de Avellaneda, se nota a faltar, algunas veces, los artículos determinados e indeterminados, y con más frecuencia la preposición «de», que algunos gramáticos denominaban artículo. En su texto abundan las voces y expresiones aragonesas, y aunque alguna vez se hallan palabras en forma catalana, ello es aplicable al impresor de Tarragona. El ambiente aragonés, además, está reproducido con acierto. Cervantes supo indudablemente quién se escondía bajo el seudónimo de Avellaneda, entre otras razones porque se había burlado de él en la primera parte del Quijote con «sinónimos voluntarios» que la crítica no ha logrado desentrañar. Su venganza consistió, fundamentalmente, en no revelarnos quién fue su enemigo y competidor, que sigue en el más absoluto de los anónimos.

"Debido al Quijote de Avellaneda, Cervantes cambió la ruta de su protagonista, que había anunciado que iría a Zaragoza, y de la segunda parte apócrifa tomó el personaje de don Alvaro Tarfe, precisamente para desmentir su fábula. Y a fin de distinguir la segunda parte de la falsa, tituló la suya «Segunda parte del Ingenioso *caballero* don Quijote de la Mancha, por Miguel de Cervantes Saavedra, *autor de su primera parte*».

"Entre ambas segundas partes hay ciertos paralelismos difíciles de interpretar, pues parece que una de ellas conoce el texto de la otra (por ejemplo en la apócrifa hay un episodio muy similar al del retablo del maese Pedro), siendo así que se escribieron simultáneamente. De todos modos gracias al Quijote de Avellaneda, tenemos la segunda parte de Cervantes, ya que éste, al publicarse el libro apócrifo, se apresuró a continuar la redacción de su obra, que apareció cinco meses antes de la muerte del gran escritor.

"La pesonalidad del autor del *Quijote* de Avellaneda no ha sido dilucidada, y ello constituye uno de los mayores arcanos de la historia de la literatura española. Con argumentos más o menos serios, pero nunca definitivos, se ha propuesto como autores del falso *Quijote* a fray Andrés Pérez, Juan Blanco de Paz, fray Luis de Aliaga, Lope de Vega, Quevedo, Alfonso Lamberto (tesis de Menéndez y Pelayo), Cristóbal de Fonseca, Liñán de Riaza, Guillén de Castro, Alonso de Ledesma, Castillo Solórzano, Vicente García (rector de Vallfogona), Jerónimo de Pasamonte, etc.".

RESÚMENES Y COMENTARIOS

SEGUNDA PARTE

Prólogo

Resumen

El autor se dirige al lector a propósito de una edición de la segunda parte del Quijote, aparecida un año antes de la escrita por Cervantes, firmada por un tal Alonso Fernández de Avellaneda, cuya identidad real nunca se conoció, y se refiere a las ofensas consignadas en la edición apócrifa contra Cervantes, en particular su edad y su condición de manco. Sobre lo primero contesta que "no se escribe con las canas, sino con el entendimiento", y sobre lo segundo, que su manquedad no nació en una taberna, sino en una ocasión gloriosa (la batalla de Lepanto), agregando que "el soldado más bien parece muerto en la batalla que libre en la fuga".

Le pide al lector que, si llega a conocer al imitador, le diga que no se siente agraviado, pues comprende las "tentaciones del demonio", y que le narre dos cuentos alusivos a que no es tan fácil escribir un libro y al escarmiento que aquél habrá de sacar de su atrevimiento. Expresa no temer a la amenaza de Avellaneda en el sentido de quitarle ganancias con su libro y exalta la protección que ha recibido del conde de Lemos y de don Bernardo de Sandoval. Termina entregando al lector "a Don Quijote dilatado, y, finalmente, muerto y sepultado, porque ninguno se atreva a levantarle nuevos testimonios..."

Comentario

Las biografías de Miguel de Cervantes lo muestran como un valeroso soldado que fue más allá del deber, tanto en la batalla como en sus múltiples y persistentes intentos de fuga durante el cautiverio. De ahí su serena y altiva respuesta al ofensor con argumentos incontestables. Y en cuanto hace al plagio, Cervantes emerge como el gran autor que está seguro de las cualidades de su obra y, por tanto, puede mirar con desdén a quien "no osa parecer a campo abierto y al cielo claro, encubriendo su nombre, fingiendo su patria, como si hubiera hecho alguna traición de lesa majestad".

Capítulos I - II

Resumen

Las andanzas narradas en la primera parte de esta novela terminaron cuando don Quijote fue traído por sus amigos a su casa en una jaula . Ahora permanece en cama recuperándose de tantas calamidades. El barbero y el cura se abstienen durante un mes de visitarlo. Cuando deciden hacerlo, lo encuentran en principio muy lúcido, para alegría de ellos, de la sobrina y el ama. Pero basta con que se mencione que los turcos están preparando una gran armada para atacar a España, para que don Quijote exponga una solución: que el rey convoque a todos los caballeros andantes de la nación, los cuales, por pocos que sean, podrán dar buena cuenta de grandes ejércitos. Hay desencanto en los presentes que observan que el enfermo no se ha recuperado de sus locas ideas de caballerías. Don Quijote afirma:

"- Caballero andante he de morir, y baje o suba el turco cuando él quisiere y cuando poderosamente pudiere; que otra vez digo que Dios me entiende".

El barbero narra un cuento acerca de un licenciado recluido en la casa de locos de Sevilla, que se considera curado y recurre a las autoridades eclesiásticas para ser dado de alta; cualquier duda sobre su cordura la atribuye a sus parientes que disfrutan de su hacienda y han sobornado al director del manicomio. Lo entrevista el capellán y casi se convence de que está sano, pero cuando otro loco de quien se despide amenaza con dejar sin lluvias a Sevilla, por ser este loco Júpiter, el licenciado se declara Neptuno y garantiza que hará llover cuanto sea necesario.

Don Quijote se exaspera con las comparaciones que "son siempre odiosas y mal recibidas". Se extiende en una apología de los caballeros andantes mencionando a muchos de ellos y adicionando múltiples detalles de su apariencia física y aventuras, contradiciendo que se tratara no de seres reales sino ficticios. Llega Sancho Panza, a quien ama y sobrina reprochan ser quien ha distraído y sonsacado a don Quijote. Éste alega lo contrario e interviene el enfermo para apaciguar los ánimos y evitar más decires de su escudero.

Cura y barbero se despiden y se alejan conversando sobre los desatinos del hidalgo y el peligro inminente de que vuelva a las andanzas. Don Quijote, a solas con Sancho, le hace ver la solidaridad que debe existir entre caballero y siervo y cómo ambos participan de sus mutuos dolores y amarguras. Le pregunta qué dicen las gentes de sus hazañas y Sancho le cuenta que lo tratan de loco, de irreverente con los cánones de la hidalguía y la caballerosidad por haber pretendido adoptar posiciones que no le corresponden, por ser pobre y carente de títulos; el mismo Sancho es tenido por todos como un tonto. Reserva para el final una noticia que lo tiene admirado y asustado, que ha sido traída por el bachiller Sansón Carrasco, quien viene de estudiar en la Universidad de Salamanca. Se trata de que circula un libro en el cual se narran las salidas de don Quijote y Sancho, con pleno detalle de personajes y aventuras. Don Quijote se interesa muchísimo y Sancho va por el bachiller.

Comentario

La narración parte exactamente del punto final de la primera parte, lo cual sumado a las referencias que en esta segunda parte se harán de la primera, dan el carácter unitario de la novela escrita en dos partes publicadas con diez años de diferencia. Don Quijote sigue creyendo en la caballería andante, pero es lúcido en otras materias: erudito en literatura, preocupado por la seguridad de su patria, graciosamente recursivo al llamar al barbero con diversos apelativos y permeable a la fama y la gloria, por lo cual se interesa en lo que pueda opinar la gente de él en el libro anunciado por Sansón Carrasco.

Sancho no es tan tonto cuando replica su inocencia al ama y la sobrina y, al contrario, dice haber sido sonsacado por don Quijote, quien se valió de promesas que aún no ha cumplido, como aquella de la ínsula que habría de gobernar el escudero.

Capítulos III - IV

Resumen

Mientras Sancho va por el bachiller, don Quijote es presa de cavilaciones sobre el libro que narra sus aventuras y la manera como habrán sido tratadas éstas y su persona por el desconocido autor, cuya condición no alcanza a imaginar concretamente. Llega Sansón Carrasco y saluda a don Quijote cómo a un preclaro y reconocido caballero, trato de pleitesía considerado y no por fantasioso menos respetuoso, que perdurará de parte del bachiller hacia el hidalgo.

Sansón va dando cuenta a don Quijote y a Sancho Panza del libro, cuya autoría se atribuye a un autor moro. Allí se encuentran todas las aventuras de las dos primeras salidas del caballero, inclusive los desenlaces desairados. Los tres personajes intercambian comentarios y opiniones a través de los cuales se establece que ha habido críticas al libro por incluir historias que nada tienen que ver con la historia de don Quijote, y por haber dejado sin explicación algunos sucesos como el robo del asno de Sancho. El transcurso de la conversación da lugar a la expresión de consideraciones y teorías sobre el oficio de la literatura y la historia.

Después del almuerzo y de la consabida siesta, Don Quijote, Sancho y el invitado Sansón Carrasco, reanudan el coloquio. Sancho explica cómo perdió y recuperó su burro en la primera parte de la novela, y se establece que la aparición de tal jumento después de perdido y antes de recuperado, se debe a un error del autor del libro; sobre los cien ducados hallados por Sancho, éste confiesa haberlos gastado en su persona y en las de su mujer e hijos. A una pregunta de don Quijote, Sansón informa que el autor del libro ha anunciado una segunda parte de la novela y que en el público hay diversas opiniones sobre tal posibilidad. Don Quijote anuncia estar dispuesto a efectuar una nueva salida y Sancho promete ser muy buen escudero, con ínsula o sin ella. El hidalgo encarga al bachiller escribir un acróstico a manera de despedida de su señora Dulcinea del Toboso.

Comentario

Es asombroso el vaticinio que Cervantes pone en labios de Sansón Carrasco cuando a la noticia de que se han impreso 12.000 ejemplares de la primera parte y que ha habido ediciones en Portugal, Barcelona, Valencia y se prepara una en Amberes, agrega que "no ha de haber nación ni lengua donde no se traduzca". A esta altura de la obra se inicia un fenómeno novedoso, que será constante en esta segunda parte del *Quijote*: mientras en la primera parte el loco caballero enfrentaba su fantasía desquiciada a situaciones reales muy diferentes (confundir ventas con castillos, molinos con gigantes y ovejas con soldados), ahora se le presentan irrealidades inventadas por otras personas (aquí Sansón Carrasco da por ciertas sus hazañas y su condición de caballero andante), armonizando con las ideas que bullen en la mente de don Quijote, lo cual lo conduce a actitudes de cordura dentro de una estructura irreal pero consistente. Por otra parte, el autor aprovecha situaciones para exponer teorías sobre su oficio:

"- Así es -replicó Sansón-; pero uno es escribir como poeta y otro como historiador; el poeta puede contar o cantar las cosas, no como fueron sino como debían ser; y el historiador las ha de escribir, no como debían ser sino como fueron, sin añadir ni quitar a la verdad cosa alguna".

Cervantes crea en estos dos capítulos una situación especialmente ingeniosa, cuando pone a sus personajes don Quijote y Sancho a opinar, sin conocer el libro, muy sutilmente sobre sus posibles fallas o méritos, y a ejercer una actitud de crítica sobre el libro que narra sus aventuras. Es tanta la vitalidad de los personajes, que son capaces de juzgar la obra, y aun hacer propósitos de lo que será su desempeño en la segunda parte que está comenzando.

Capítulos V- VI - VII

Resumen

Sancho Panza habla con su mujer, Teresa, y le anuncia su decisión de volver a salir con su señor don Quijote, con la esperanza de encontrar otros cien escudos y hasta llegar a ser gobernador de una ínsula. Teresa le da consejos para que se proteja y también tenga un buen desempeño si llega al gobierno; pero algo más práctica, le recuerda las necesidades, en especial las de sus dos hijos. Derivan hacia la consecución de marido para María Sancha, la hija, y Sancho se explaya soñando en voz alta sobre el partido de alcurnia que podrá conseguir para su hija siendo gobernador. Teresa no está de acuerdo y defiende el principio de alcanzar la felicidad para su hija casándola con uno de su igual.

Entre tanto, don Quijote se enfrenta a la consternación de su sobrina y su ama por su próxima salida; ellas tratan de disuadirlo y le mencionan la alternativa de ser caballero de la corte, lo cual da lugar a disertaciones sobre las diferencias que hay entre los caballeros cortesanos y los andantes, siendo más meritoria esta última categoría, a decir de don Quijote. Continúa éste hablando de las cualidades que han de tener los caballeros y cómo esto no siempre se cumple por parte de muchos. Finaliza su discurso hablando acerca de cómo los linajes tienen cuatro orígenes y circunstancias, describiéndolos. Todo ello asombra a las mujeres que reconocen grande inteligencia y conocimiento del hidalgo.

Al ver que su señor se empecina en salir de nuevo, el ama recurre al bachiller Carrasco rogándole haga desistir a don Quijote, mientras Sancho después de muchos rodeos pide un salario a don Quijote por los servicios que le prestará, advirtiendo que lo hace por exigencia de Teresa. Contesta el hidalgo que no hay antecedentes en los cánones de las caballerías en tal sentido; que los escuderos sirven a sus señores incondicionalmente y que suele ocurrir que resultan beneficiados de la fortuna de su señor, como efectivamente se llevará a cabo en el final de la novela.

Deja la decisión a Sancho de si lo acompaña en tales términos, no sin hacerle ver que "vale más una buena esperanza que ruin posesión, y buena queja que mala paga", contestando refranes con refranes. Llegan el bachiller, la sobrina y el ama; aquél, muy afable, anima a don Quijote a no demorar su salida ni dejar que se imponga algún obstáculo; incluso se le ofrece por escudero, lo cual es declinado por el hidalgo. Sancho se conmueve y se compromete a ir de escudero. Sansón Carrasco se percata de que lo dicho en el libro sobre Sancho es acertado en cuanto personaje gracioso y solemne mentecato. Las mujeres reniegan de la actitud sorpresiva del bachiller que alienta a don Quijote a irse de aventuras, pero no saben que esto obedece a un plan maquinado con el cura y el barbero previamente. Equipados como debe ser en la noche, y acompañados media legua por el bachiller, parten caballero y escudero hacia la ciudad de El Toboso.

Comentario

En varias ocasiones el narrador de esta novela se refiere a que sus historias las ha aportado otra persona: Cide Hamete Benengeli. Y en el capítulo quinto anota que el traductor encontró algunos parlamentos de Sancho inconsistentes con su personalidad, pero que decidió incluirlos en la obra. Quizás éste sea un recurso de Cervantes para no corregir un error, aunque podría pensarse que hay algo de válido en que Sancho deje de ser el torpe que es ante personas ilustradas, y pase a ser trascendente ante su esposa Teresa, humilde e ignorante como él; pero que no ha tenido la ocasión de alternar con el ilustrado don Quijote, de quien Sancho algo habrá aprendido.

Las prédicas de don Quijote, no tratándose del tema de las caballerías, son lúcidas, moralizantes y ejemplares. El bachiller Sansón Carrasco se caracteriza como un personaje bromista y socarrón. Sancho se molesta y se rebela contra las correcciones que se le hacen por su incorrecta pronunciación que es muy frecuente.

Capítulos VIII- IX - X

Resumen

Prudente pero pertinazmente, Sancho trata de desengañar a don Quijote de la señoría de Dulcinea del Toboso, mostrándola como a una mujer del pueblo raso. El caballero opta por culpar a algún encantador enemigo. Esto origina cierta preocupación sobre si el autor de aquel libro donde se narran sus anteriores aventuras, pudo haber sido amigo o enemigo. Don Quijote cuenta casos en los cuales el desmedido deseo de fama ha movido hechos inauditos y perversos, como podría haber sido el caso del autor del libro. Sancho pregunta si es más importante resucitar a un muerto o matar un gigante, y con otras preguntas lleva a don Quijote a aceptar lo obvio, concluyendo Sancho que lo que deben hacer, es buscar con sus actos la santidad para ser venerados eternamente:

"Así que, señor mío, más vale ser humilde frailecito, de cualquier orden que sea; que valiente y andante caballero".

Llegan a El Toboso y don Quijote apremia a Sancho para que busque el palacio de la señora Dulcinea, poniendo en grave aprieto al escudero, quien en la primera parte de la novela había mentido al no haber ido a entregarle una carta de su señor a tal dama. Después de mucho discutir convence a don Quijote para que vaya a las afueras de la ciudad mientras él busca a la señora Dulcinea. Al amanecer don Quijote manda a Sancho a buscar a Dulcinea, encargándole observar cuidadosamente las reacciones y turbaciones de su amada ante el saludo que le envía.

Parte Sancho para El Toboso pero no avanza mucho, pues se detiene en el camino y se pone a conversar consigo mismo; analiza la comprometida situación en que está, con su señor y a causa de éste, y termina urdiendo una estratagema para salir del paso y hacer que don Quijote no vuelva a encargarle negocios tan complicados. Resuelto el ardid regresa adonde está su señor, cuando ve venir a tres campesinas corrientes montadas en sus borricos. Llegando le dice a don Quijote que salga al camino para encontrarse con la señora Dulcinea, que con otras dos doncellas viene a saludarlo; la describe vestida con las mejores galas y adornada con suntuosas joyas.

Don Quijote se turba al encontrar a tres humildes labradoras e inquiere a Sancho, quien insiste en que son tres damas principales, ricamente ataviadas, y culpa a don Quijote de no estar viendo bien. Le rinde honores a una a la que llama princesa y señora del Toboso, pero este gesto es rechazado por ellas. Don Quijote no sale de su estupor al ver en ellas ordinarias mujeres, y concluye que ha sido otra obra maléfica del encantador enemigo que lo persigue. Las mujeres se liberan de los homenajes de Sancho y se marchan, habiendo dejado la pretendida Dulcinea un acre olor a ajos en el olfato de don Quijote, quien se lamenta de su mala fortuna. Los dos jinetes toman el camino a Zaragoza, en donde intentan participar en unas justas de caballería que allí se celebrarán.

Comentario

Cervantes, en palabras del narrador, continúa contando lo que ha narrado Hamete Benengeli. Don Quijote da nuevas muestras de su erudición en asuntos históricos, y en el capítulo octavo menciona a Hernán Cortés, conquistador de México, a quien atribuye el deseo de fama como móvil para haber quemado las naves en acto que impidió el regreso de sus tropas, ante lo difícil que se mostraba tal conquista.

Es muy interesante apreciar cómo Sancho va llevando adonde quiere a don Quijote, pregunta tras pregunta, hasta que el escudero, para convencerlo de que convendría más que las aventuras caballerescas, la vida devota y el obrar milagros para alcanzar el mérito que da la gloria. Se encuentra gran maestría en el manejo que hace Cervantes de las escenas del capítulo noveno, cuando Sancho está a punto de ser tomado en la mentira por su señor. Sancho, por otra parte como fiel representante del hombre tosco del pueblo, tiene un rico repertorio de refranes cuyo uso no disimula. La conversación que sostiene a dos voces consigo mismo en el capítulo décimo tiene el toque de la genialidad. En el mismo pasaje se encuentra esta joya de finísimo humor en palabras del narrador:

"... venían tres labradoras sobre tres pollinos, o pollinas, que el autor no lo declaró, aunque más se puede creer que eran borricas, por ser ordinaria caballería de las aldeanas; pero como no va mucho en esto, no hay para qué detenernos a averiguarlo".

El embuste urdido por Sancho respecto a la identidad de Dulcinea, enfrenta por segunda vez a don Quijote con una irrealidad que no está en su imaginación y lo coloca en situación de buscar explicaciones que tengan algún sentido lógico.

Capítulos XI- XII - XIII

Resumen

Don Quijote se halla muy deprimido por el encantamiento que atribuye a Dulcinea, y Sancho trata de reanimarlo y de explicar algunas contradicciones en que incurrió al describir la belleza de la dama. Prosiguen su camino y encuentran una carreta cargada de gentes de extraña apariencia, a quienes don Quijote identifica como la muerte y el demonio. Son una compañía de comediantes que van vestidos para dar una función, y explicado esto les es permitido pasar; pero un cómico imprudente hace caer a don Quijote de Rocinante y monta el asno de Sancho.

Don Quijote quiere castigarlo, pero lo disuaden Sancho y la actitud beligerante de la compañía. En la noche los dos personajes comentan la aventura con la carreta de la muerte, y hacen comparaciones de la comedia con la vida y los comediantes con las personas. El narrador habla sobre la amistad de Rocinante con el burro del escudero y otras virtudes de los animales.

Más tarde son despertados por un caballero que ha llegado al bosque y canta quejándose por su amor insatisfecho; se reúnen los dos señores y comparten su tristeza, mientras los escuderos se retiran para conversar entre ellos. Se cuentan los rigores de su oficio y hablan de sus señores. Ambos expresan su lealtad, aunque el escudero del señor del bosque está por la decisión de irse a su casa y pasarla en paz. Comparte con Sancho comida y vino. Luego se duermen.

Comentario

Don Quijote ha ganado mucho en moderación de sus ímpetus y sobre todo le ayuda la idea de los encantamientos cada vez que se presenta una situación de peligro real; en tanto Sancho va desarrollando mejores recursos de su escondida inteligencia. El mismo Sancho tiene una gran oportunidad de dar rienda suelta a sus preocupaciones e ideas al departir ampliamente con uno de su igual, el escudero del otro caballero. Con esto el autor presenta otra perspectiva de la problemática de sus personajes.

Flórez G., Alfonso
Análisis de Don Quijote / Alfonso Flórez. — Bogotá: Panamericana Editorial, 2003.
84 p. ; 21 cm. — (Centro literario)
Incluye bibliografía.
v.1 Biografía del autor ; Tema y argumento ; Lista de personajes; Resúmenes y comentarios ; Primera parte ; Segunda parte hasta el capítulo XIII. — v.2 Segunda parte (continuación) capítulos XIV-XV.
ISBN 958-30-1197-5 (v.1)
ISBN 958-30-1198-3 (v.2)
1. Cervantes Saavedra, Miguel de, 1547-1616. Don Quijote - Crítica e interpretación 2. Cervantes Saavedra, Miguel de, 1547-1616. Don Quijote - Análisis literario I. Tít. II. Serie
860.4 cd 19 ed.
AHR7388

CEP-Banco de la República-Biblioteca Luis Ángel Arango

Obras analizadas

- Amalia
- Ana Karenina
- Así habló Zarathustra
- Aura
- Cien años de soledad
- Crimen y castigo
- Crónica de una muerte anunciada
- Cuentos de Borges
- Del amor y otros demonios
- Diálogos
- Discurso del método
- Don Juan Tenorio
- Don Segundo Sombra
- Don Quijote de la Mancha
- Doña Bárbara
- Edipo Rey
- El astillero
- El avaro, El médico a palos y El Tartufo
- El banquete
- El coronel no tiene quien le escriba
- El extranjero
- El general en su laberinto
- El jugador
- El Lazarillo de Tormes
- El llano en llamas
- El otoño del patriarca
- El poema del Mío Cid
- El Popol Vuh
- El Príncipe
- El Principito
- El Rey Lear
- El señor presidente
- El túnel
- El viejo y el mar
- Eneida
- Ética nicomaquea
- Facundo
- Hamlet
- Ilíada
- La cabaña del tío Tom
- La Divina Comedia
- La guerra y la paz
- La mala hora, La hojarasca
- La marquesa de Yolombó
- La metamorfosis y Carta al padre
- La montaña mágica
- Las aventuras de Tom Sawyer
- Las venas abiertas de América Latina
- María
- Madame Bovary
- Manuela
- Marianela
- Muerte en Venecia
- Odisea
- Pedro Páramo
- Romeo y Julieta
- Sobre héroes y tumbas
- Siervo sin tierra